THE ANTIFA COMIC BOOK
파시즘 vs 안티파

만화로 읽는 안티-파시스트 운동 100년의 역사

파시즘 vs 안티파 – 만화로 읽는 안티-파시스트 운동 100년의 역사

초판 1쇄 펴낸 날 2023년 9월 20일

지은이 고드 힐
옮긴이 김태권 | 편집 김소라 | 디자인 최인경
펴낸이 김삼수 | 펴낸곳 아모르문디

등록   제313-2005-00087호
주소   서울시 마포구 월드컵북로5길 56 4층
전화   070-4114-2665 | 팩스 0505-303-3334 | 이메일 amormundi1@daum.net

ISBN 979-11-91040-31-9 07300

THE ANTIFA COMIC BOOK
Copyright © 2018 by Gord Hill
Foreword copyright © 2018 by Mark Bray
First published in English by Arsenal Pulp Press, 2018
Korean Translation © 2023 by Amormundi Publishing Co.,
All rights reserved.

이 책의 한국어판 저작권은 PubHub 에이전시를 통한 저작권자와의 독점 계약으로 도서출판 아모르문디에 있습니다. 저작권법에 의해 한국 내에서 보호를 받는 저작물이므로 무단 전재와 무단 복제를 금합니다.

만화로 읽는 안티-파시스트 운동 100년의 역사

파시즘 vs 안티파

고드 힐 지음 | 김태권 옮김

아모르문디

차례

옮긴이의 말   6

파시즘이란 무엇인가?   15

안티파(ANTIFA)란 무엇인가?   17

로마와 이탈리아의 파시스트들: 파시스트의 등장과 안티파 운동   18

전쟁과 혁명, 그리고 반혁명의 혼란 속에서 태어난 나치 독일   37

1933년 이전 독일의 안티-파시스트 저항 운동   44

유럽의 반유대주의   53

나치 독일 치하의 안티-파시스트 저항 운동   54

빨치산   56

에스파냐 내전, 아나키스트 혁명과 안티-파시스트 저항 운동   63

영국의 검은셔츠단과 케이블 거리 전투   69

영국의 혼란: 국민전선, 아시아청년운동, 안티-나치동맹   71

파시스트를 물리치는 영국의 안티-파시스트행동   77

나치 이후: '새로운 독일'의 안티파	84
레시스텐시아 콘티누아: 이탈리아의 끊임없는 안티-파시스트 투쟁	92
그리스의 안티-파시즘	96
안티파 러시아	99
프랑스의 안티-파시스트행동	102
우크라이나의 나토 쿠데타	104
나치와 이슬람의 결탁, 그리고 시리아의 안티파	107
스웨덴의 안티-파시스트행동	108
큐클럭스클랜(KKK)	110
미국의 파시스트와 네오나치	112
반인종주의행동: 미국의 전투적 안티-파시즘 운동	115
캐나다의 큐클럭스클랜	117
캐나다의 파시스트 운동: 1930년부터 1990년까지	118
반인종주의행동(ARA) 토론토	120
'대안 우파'의 상승과 몰락	122

옮긴이의 말

안티파는 불편한 주제다. 덮어놓고 편을 들 수도, 마냥 비난할 수도 없기 때문이다. 이 책 영문판에 해제를 쓴 마크 브레이는 '만화 속 슈퍼 히어로'를 초들며 안티파를 찬양했다. 내 생각은 다르다. '세기말 구세주' 같은 영웅이 없어도 되는 세상이 나는 좋다.

안티파란 무엇인가? 말 그대로 '안티-파시스트' 운동이다. 파시스트가 무슨 일을 벌이든, 그들을 쫓아다니며 하지 못하게 막는다. 파시스트가 집회를 하면 안티파도 맞불 집회를 하고, 파시스트가 폭력을 쓰면 안티파도 폭력을 쓴다. 파시스트가 전쟁을 일으키면 안티파는 방어 전쟁을 한다.

문제가 있다. 파시스트가 하는 짓과 안티파가 하는 짓이 제삼자 보기엔 비슷하다는 점이다. 파시스트가 주먹질을 하면 안티파도 주먹질을 하고, 파시스트가 총을 쏘면 안티파도 총을 쏜다.

안티파를 마냥 편들 수 없는 것도 그래서다. 안티파를 마뜩잖게 보는 눈길이 있는 것도 당연하다.

안티파가 폭력적이라고 한다. 물론이다. 파시스트가 폭력을 쓸 때는 안티파도 폭력을 쓴다. 안티파가 표현의 자유를 침해한다고 한다. 사실이다. 파시스트가 소수자를 차별하는 혐오 발언을 할 때 안티파는 혐오 선동을 하지 못하도록 방해한다. 안티파가 사유재산을 침해한다고 한다. 때때로 그렇다. 파시스트

물건을 파는 상점에 불매 운동을 하고 파시스트들이 모이는 장소를 가끔 습격한다. 저지르는 일을 책임질 조직이 없다고 안티파는 비판받는다. 맞는 말이다. 파시스트에 반대하는 것이 운동의 목표다 보니 안티파는 꽉 짜인 조직이 없다. 말썽꾼이 침투해 이상한 일을 벌여도 수습하기 어렵다.

이렇게 적고 보니, 안티파는 그 의도야 어쨌건 현대 사회의 천덕꾸러기 같다. 혈기만 넘쳐 동지들 속을 썩이는 사고뭉치 활동가 같다. 이 책을 번역하는 나도, 지금 당장 거리로 뛰쳐나가 안티파가 될 생각은 없다.

그렇다고 안티파를 마냥 비판하기도 곤란하다. 파시스트가 승리하기 직전, 민주주의가 절체절명의 위기에 처할 때 어떻게 해야 할까? 이럴 때 안티파에 동참하지 않는 것은 파시스트를 편드는 일이나 마찬가지다. 파시스트와 결전을 벌일 때 시민은 양자택일을 해야 한다. 안티파와 함께하거나, 안티파에 등 돌리거나 말이다.

양비론을 꺼내들 점잖은 사람도 있을 것이다. "극과 극은 통한다"며, 파시스트도 안티파도 마음에 들지 않는다고 말할 것이다. 하지만 윤똑똑이의 자기만족이다. 손을 놓는 사람이 많을수록 파시스트는 손쉽게 권력을 장악할 것이다. 파시스트를 어떻게든 막아야 한다. 촛불을 들건, 손팻말을 들건, 짱돌을 들건, 화염병을 들건, 무언가를 손에 들어야 할 때는 들어야 한다. 민주주의를 지키려면 그래야 한다.

사정이 이렇다 보니, 안티파는 불편한 주제다. 안티파가 나쁘다고도, 안티파가 좋다고도, 딱 잘라 말하기 힘들다.

이 책의 본문에는 두 가지 사건이 소개되어 있다. 하나는 이탈리아에서 안티파가 나대다가 선거 때 여론의 역풍을 맞은 사건이다. 안티파 때문에 극우 세력이 2018년 선거에서 성과를 거두었다.(이 책 95쪽에 나온다.) 반면 다른 하나는 2017년 미국에서 안티파가 나서 표현의 자유를 지키고 사람 목숨을 살린 사건이다.(125쪽에 나온다.) 이렇듯, 안티파 때문에 파시스트가 덕을 보는 경우도 생기고, 안티파 때문에 파시스트가 좌절하는 경우도 있다. 둘 다 사실이다. 그래서 안티파라는 주제는 어렵다.

그래서 내 생각은 어떤가? 나는 안티파를 하고 싶지 않다. 안티파는 힘든 일이다. 이기지 못할 싸움을 벌일 때도 있다. 길에 나가서 목숨을 걸고 싸운다니 싫고 무섭다. 심지어 그렇게 목숨을 걸면서도 동료 시민에게 "너희는 왜 그렇게 과격한가? 심연을 들여다보다 너희까지 심연이 되어버린 것은 아닌가?" 따위 양비론의 비난까지 들어야 한다.

내가 안티파를 하지 않아도 되게 민주주의가 건강하기를 나는 바란다. 민주주의가 버텨야 파시스트가 설치지 못할 것이고, 파시스트가 잠잠해야 나 같은 소시민까지 안티파를 하니 마니 고민하지 않을 터이다.

그런데 민주주의가 건강하려면 조건이 있다. 민주주의를 무너뜨리려는 극우 파시스트의 움직임을 우리가 알아야 한다. 파시스트가 자라서 민주주의가 병이 드는 걸까, 민주주의가 쇠약해서 파시스트가 성장하는 걸까? 어느 쪽이 원인이고 어느 쪽이 결과일까? '닭이 먼저냐, 달걀이 먼저냐' 같은 어려운 문제다. 20세기 내내 그래왔고, 21세기 와서도 여전히 그러하다. 어찌 됐건, 닭이 있는 곳에 달걀이 있다. 파시스트의 움직임을 보면 민주주의의 운명을 안다.

지금까지 이야기를 요약하면 이렇다. 첫째, 나는 안티파를 찬양할 생각은 없다. 둘째, 하지만 민주주의가 위기를 맞는다면 나 같은 사람도 안티파에 힘을 보태야 한다. 셋째, 그래서 나는 민주주의가 건강하기를 바란다. 넷째, 그러려면 민주주의를 미워하는 파시스트에 대해 잘 알아야 한다.

많은 사람이 20세기 초 파시즘의 역사에 대해 알기를 바라는 마음으로, 나는 예전에 『히틀러의 성공 시대』라는 만화를 그렸다. 그런데 만화책치고 어려웠나 보다. 독일 바이마르 공화국의 역사는 따라가기 까다롭다. "독일 사람도

바이마르 공화국의 역사는 어렵죠." 자료를 조사하러 베를린에 갔다가 서점에서 만난 독일 사람의 말이다. 더 쉽게 풀어내지 못해서 만화가로서 아쉽다.

그래도 이 책을 소개하게 되어 다행이다. 이 책은 안티파의 역사로도 읽을 수 있지만, 20세기와 21세기 파시즘의 역사로도 읽을 수도 있으니 말이다.(바이마르 공화국 때 나치즘의 역사도 쉽고 간결하게 풀어놓았다.) 나는 출판사 아모르문디로부터 이 책의 번역을 제안받았다. 그리고 파시즘의 역사에 대해 해제를 써보라는 제안도 받았다. 그런데 나는 글을 쓰다 말았다. 본문의 쉽고 알찬 만화를 두고 굳이 또 글을 쓸 필요가 있나 싶어서였다. 해제를 쓰는 대신 "이 만화를 읽어보시라"고 독자님께 권한다. 파시즘의 역사를 쉽게 읽는 셈 치고 이 책을 보아주시면 좋겠다. 쉽게 읽히지만 내용이 적지 않다. 혼자 읽기도 좋고, 여럿이 함께 읽기도 좋은 책이다.

이 책의 앞부분은 이탈리아의 무솔리니, 독일의 히틀러, 에스파냐의 프랑코 같은 파시스트가 권력을 잡고 휘두르는 이야기다. 파시스트에 맞서 안티파들이 싸웠다. 이 싸움은 제2차 세계대전으로 이어진다.

책의 뒷부분은 21세기의 파시즘을 다룬다.

우크라이나와 러시아 갈등 이야기도 나온다. 우크라이나에 파시스트가 있기는 했다. 본문에도 나오지만, 악명 높은 아조우 부대는 나치의 마크를 그대로 가져다 쓸 정도다. 우크라이나에 파시스트가 있었다는 일부 지식인의 문제 제기도 100% 거짓말은 아닌 셈이다. 다만 우크라이나 사회에서 극우 세력의 영향력이 어느 정도인가에 대해서는 논란이 있다. 러시아 정부가 선전하는 만큼 세력이 강하지는 않다는 것이다.

다른 한편, 러시아의 푸틴 정권이 파시즘에 맞설 세력이냐 하면, 천만의 말씀이다. 이 책은 러시아 파시스트의 실태 역시 고발한다. 러시아의 파시스트는 푸틴 정권을 편들며 정치 깡패 노릇을 한다는 의심을 받고 있다. 푸틴 정권은 유럽 극우 세력에 돈을 주고 뒷배를 봐주는 것으로도 악명 높다. 파시즘을 해외로 수출하는 러시아 푸틴 정권이 파시즘에 맞서 전쟁을 일으켰다고 주장하는 모양새가 이상하다. "네오나치와 싸우기 위해서"라는 우크라이나 침공의 명분은 진정성이 없다는 이야기다. 최근 푸틴과 갈라서고 죽임을 당한 용병대장 프리고진도 이 점을 지적했다.

요컨대 이 책은 우크라이나와 러시아 양쪽 정부 모두가 밝히고 싶지 않은 불편한 진실을 다룬다. 이 전쟁에 대해 이 책을 읽고 독자님 스스로 판단하시면 좋겠다. 나로 말할 것 같으면 물론 침략한 러시아 쪽이 잘못이라고 생각하지만 말이다.

책의 마지막 부분은 트럼프와 미국의 '대안 우파 운동'에 대해 보여준다. 지은이 고드 힐은 대안 우파 운동과 파시즘의 닮은 점을 주목하기 때문이다. 미국에서 이 책은 트럼프 임기 중에 출간되었다. 대안 우파 운동이 한참 기승을 부릴 때였다. 그때 서둘러 한국어로 옮겼어야 하는데, 번역이 늦어진 것은 나의 책임이다.

그런데 여러 해가 지난 지금도 트럼프가 미국 사회에서 여전히 힘을 쓰고 있다. 지금 한국에서 이 책을 읽는 일은 의미가 있다. 미국 극우 운동의 새로운 힘은 무엇인가? 이들은 과연 21세기 파시스트 운동으로 '발전'할 것인가? 그리고 미국과 친한 다른 나라(이를테면 한국)까지 미국 극우는 영향을 미칠 것인가?

책을 덮으며 나는 한국 사회의 극우와 혐오 정치에 대해 생각한다. 트럼프를 보며 정치를 배운 사람들이 한국에도 있다. 자랑처럼 자기 입으로 그런 이야기를 한다. 특히 젊은 정치를 표방하며, 장애인과 여성과 이주민과 성소수자 등, 소수자 때리기의 혐오 정치로 관심을 모으려는 움직임을 나는 경계한다.

오해마시길. 나는 이런 모든 움직임이 파시즘이라고 생각하지는 않는다. 자기가 싫어하는 아무에게나 파시스트라는 딱지를 갖다 붙이는 일은 위험한 짓이다. 한국 사회의 꼬마 트럼프들은 입만 살았지 파시스트처럼 위험하지는 않다.

다만 역사를 보면, 혐오 선동을 하는 사람들이 하나둘씩 늘어나 혐오와 차별이 당연한 사회가 되면 그다음에 파시즘이 성장하곤 했다. 지금은 온라인에 흩어져 있는 원한 가득한 사람들을 누군가가 오프라인의 잘 조직된 차별주의 운동으로 모아낸다면, 그때가 한국에서 본격적인 파시즘이 시작하는 날일 것이다. 파시즘 운동이 한국 사회의 민주주의를 위협할 정도로 성장한다면, 한국에서도 안티파 운동이 필요할지 모른다. 그런 상황이 오기 전에 먼저 이 책을 읽고, 파시즘의 성장을 예방할 수 있다면 얼마나 좋을까.

일러둘 말씀이 있다. 번역하면서 나는 문장을 잘게 끊어, 원문과 말 순서를 되도록 맞추어 보았다. 지은이의 생각의 흐름을 따라가기 위해서다.

20세기 역사와 파시즘 관련된 용어는 되도록 새로 만들지 않고 이미 나와 있는 좋은 책들을 참고했다. 이언 커쇼가 쓴 『히틀러Ⅰ』·『히틀러Ⅱ』, 로버트 팩스턴이 쓴 『파시즘』과, 앤터니 비버가 쓴 『스페인 내전』이다. (공교롭게도 세 권 모두 '교양인' 출판사에서 나왔다.)

21세기의 시사 용어는 될 수 있으면 연합뉴스나 한겨레, 경향신문에 쓰는 용어와 맞추려고 했다. 고유명사와 지명은 되도록 교육부 표기안에 따르려고 노력했다.

어려운 한자 말을 피하고 쉬운 우리말을 쓰려고 노력했다. 이 작은 책이 독자님이 역사와 사회를 보는 눈에 작은 보탬이 되기를, 번역자로서 바랄 뿐이다.

김태권(만화가)

번역자는 아래의 책과 자료를 참고하였습니다.

- 로버트 O. 팩스턴, 『파시즘』, 손명희·최희영 옮김, 교양인, 2005.
- 앤터니 비버, 『스페인 내전』, 김원중 옮김, 교양인, 2009.
- 이언 커쇼, 『히틀러Ⅰ』·『히틀러Ⅱ』, 이희재 옮김, 교양인, 2010.

- '좌파 급진주의자라'는 용어는 위의 책 『히틀러Ⅰ』·『히틀러Ⅱ』와
  우리역사넷(http://contents.history.go.kr)을 참조하였습니다.
- '콘도르 군단'이라는 표기는 위의 책 『스페인 내전』을 참조하였습니다.
- 'libertarian'은 같은 책 『스페인 내전』을 따라 '절대자유주의'로 옮겼으며, '아나르코 생디칼리즘'과
  '전국노동연합', '자유여성' 역시 같은 책의 번역을 따랐습니다.
- 'SQUATTING 운동'은 한겨레신문(https://www.hani.co.kr/arti/society/society_general/27232.html)을
  따라 '빈집점거운동'으로 옮깁니다.
- 정당과 조직 등 단체 이름은 '안티-파시스트행동'이나 '검은셔츠단'처럼 붙여쓰기하였습니다.

THE ANTIFA COMIC BOOK

파시즘이란 무엇인가?

1. 파시즘은 **이데올로기**다. 최고지도자(독재자)의 영도에 따라 중앙집권하는 힘센 나라를 만들겠다는 이념이다. 종종 지도자를 **개인숭배**하는 사이비 종교가 되곤 한다.

2. 파시즘 운동은 **권위주의적**이고 **군국주의적**인 성격을 띤다. 대개 **준군사조직**이 그 운동을 떠받친다.

3. 파시즘은 극단적인 **민족주의**다. 그래서 **인종주의**다.

4. 파시즘 운동의 군국주의가 인종주의 및 극단적 민족주의 신념과 섞여 있기 때문에, 파시즘의 세계관은 **제국주의**다.

5. 파시스트 운동은 대체로 **반유대주의**다. 유대인이 세계를 지배할 음모를 꾸민다고 생각한다.

6. **파시스트 독재**는 사회 구석구석을 군대의 병영처럼 만든다. 어떠한 반대도 **폭력으로** 억누른다.

7. 파시스트들은 **언론**, **엔터테인먼트**, **교육 및 문화** 기구를 틀어쥔다. 자기네 세계관과 철학과 문화로 그 내용을 바꾸어 채운다.

8. 이렇게 하여 지도자에 대한 **개인숭배**는 강화되고, 모든 국가 기구는 **신비주의 집단**, 나아가 **사이비 종교 집단**이 된다. 요컨대 국가도 사회도 **파시스트 종교 집단**으로 탈바꿈하는 것이다.

파시즘은 유럽에서 일어났다. **1차 세계대전**(1914~1918)이 끝나고 **1917년 러시아 혁명**이 그늘을 드리울 때였다.

전쟁 후 많은 유럽 나라에서, 체제는 **불안했고** 대중은 **가난했다**. 이탈리아와 독일이 특히 그랬다.

두 나라 사람 수만 명이 **원한**과 **분노**에 사로잡힌 채 군에서 제대했다. 이들은 **파시스트 무장단체**에 들어갔다. 여러 해 뒤 파시스트가 정권을 잡을 때, 이들이 중요한 역할을 할 터였다.

러시아 혁명 때문에 지배 계급은 **겁을 먹었다**. **공산주의 혁명**이 장차 유럽을 휩쓸까 두려웠다.

이러한 맥락에서, 파시즘은 정치 세력이자 무장 세력으로 등장했다. 이들은 **혁명 운동**을 공격했고, **위기의 시대**에 국가와 자본가에게 다시 힘을 실어주었다.

한편, 파시즘이란 결국 유럽 **식민주의**와 **제국주의**의 산물이기도 하다. 그 뿌리는 옛날 **로마제국**까지 올라간다. 파시즘의 세계관과 문화는 여러 세기 동안 **전쟁**, **가부장제**, **백인우월주의** 속에서 숙성되었는데, 이제 산업화된 **국민국가**의 틀에 담긴 것이다.

안티파(ANTIFA)란 무엇인가?

안티파란 **안티-파시스트행동**을 뜻하는 독일말의 준말이다. **독일 공산당**이 1932년에 **나치**와 싸울 때 처음 쓴 이름이다.

1980년대에 **자율주의자**와 **아나키스트**가 서독의 극우파에 맞서기 위해 **안티-파시스트행동**을 되살려냈다. 예전의 공산당 조직과는 아무런 관련이 없는 일이었다. 오늘날, 많은 조직이 **원조 안티파** 로고를 조금씩 손질해 사용한다. 원조 로고는 막스 카일존과 막스 게브하르트가 디자인했다.

1990년대까지 **안티-파시스트행동** 조직들이 유럽과 세계 곳곳에 결성되었다.

안티파의 특징은 극우 세력에 맞선 **전투적 직접 행동**, 그리고 **자본주의에 반대**하는 급진적인 사회 분석이다. 조직은 **자율적**이며, **탈중앙적**이다. 안티파의 기조는, 파시스트에 **맞설 때 이념**으로만이 아니라 **물리력**으로도 투쟁해야 한다는 것이다. **반파시즘**과 **반인종주의** 문화를 북돋는 일도 한다.

안티파 운동은 **파시스트**와 **네오나치** 조직에 맞서 대중을 **동원**한다. 또한 큐클럭스클랜처럼 활동 목표가 파시스트와 다르지 않은 극우 단체에도 맞선다.

안티파라는 말은 옛날처럼 **안티-파시스트행동**이라는 조직의 이름으로 쓰일 뿐 아니라, 이제는 **전투적 안티-파시스트** 일반을 가리키게 되었다.

*국가민주당(NPD)은 독일의 극우 파시즘 정당이다.

로마와 이탈리아의 파시스트들:
파시스트의 등장과 안티파 운동

최초의 **파시스트** 조직은 1차 세계대전 때 이탈리아에서 자라났다. 그들의 우두머리는 **베니토 무솔리니**였다. 그는 '일 두체(Il Duce)'라고 불렸다. 지도자라는 뜻이다.

한때 무솔리니는 **이탈리아사회당(PSI)***의 당원이었다. 글솜씨도 말솜씨도 제법이었고, 사회당 기관지 『**아반티!(전진!)**』의 편집자였다.

전쟁 직전만 해도 무솔리니는 사회당 노선에 따랐다. **전쟁에 반대**하고 **국제주의**를 지지했다. 그런데…

1914년에 전쟁이 터지자 **민족주의자**로 돌변해서는, 이탈리아가 **전쟁에 뛰어들어야** 한다고 주장했다.

그해 사회당에서 **쫓겨난** 그는, 밀라노에 **파시스트 조직**을 세우고 자기 신문을 찍어냈다.

이때는 대기업과 은행이 무솔리니의 돈줄이었다. 그가 **전쟁을 찬성**하고 **민족주의**를 내걸었기 때문이다. **피아트, 안살도, 피렐리, 방카디스콘토** 같은 기업이 그를 도왔다. 다들 **무기 만드는 일**에 관여한 회사다.

*이탈리아사회당(Partito Socialista Italiano, PSI)은 좌파 정당이다. 무솔리니는 좌익에서 극우로 변절했다.

세계대전을 계기로 **혁명 투쟁**이 일어나리라 생각한 좌파가 많았다. 그래서 좌파 진영이 **크게 갈라졌다.**

1914년 10월에 노동조합 활동가 몇몇이 '**이탈리아생디칼조합**'이라는 아나키스트 단체에서 탈퇴했다. 이 단체는 이탈리아가 전쟁에서 **중립**을 지켜야 한다고 주장했다.

탈퇴한 사람끼리 '**국제혁명행동 파시스트**'라는 조직을 만들었다. 곧 무솔리니가 합류했고…

얼마 안 가 이 조직을 **손에 넣었다.**

고대 로마에 **파스케스**(fasces)란 물건이 있었다. 나무 막대 다발에 도낏날을 박아서, **릭토르**가 들고 다녔다. 릭토르는 로마 정무관의 경호를 맡은 사람이었다.

파스케스는 **국가의 권위**를 상징했다. 벌을 주고 **목숨을 빼앗는** 권력을 뜻했다.

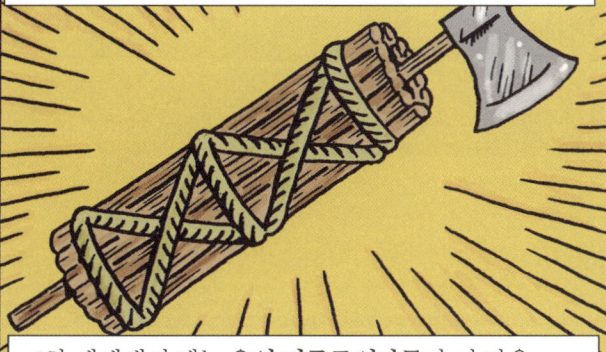

19세기 시칠리아에서 급진적 민주주의자들이 '**파쇼**(fascio)'를 상징으로 삼았다. **힘**과 **단결**을 뜻했다. 이후 파쇼란 말은 이탈리아에서 **조직과 연맹** 이름에 자주 쓰였는데…

1차 세계대전 때는 **우익 민족주의자**들만 이 말을 썼다. 이탈리아의 참전을 주장하는 사람들이었다.

조직을 **장악한** 무솔리니는 파시스트 단체를 우익 민족주의 조직으로 갈아치웠다. **마르크스주의**를 실패한 사상이라 깎아내리면서도, 자기가 여전히 **자본주의에 반대**하고 **사회주의 신념**을 가진 척했다.

Avanti!(전진!)

그러다 1915년에 무솔리니는 **징집**돼 **전선**에 갔다.

그는 **보병연대**에 복무하며 **전투**를 목격했다. 이탈리아와 오스트리아-헝가리 제국의 국경에서였다.

이탈리아는 **전쟁에 뛰어들어** 영국과 프랑스의 편을 들었다. **영토를 늘려준다**는 약속을 받았기 때문인데…

전쟁에서 이탈리아 사람 **60만 명이 죽고 90만 명이 다쳤다.**

그러나 1918년 11월 전쟁이 끝난 뒤 이탈리아는 약속된 땅을 얻지 못했다. **파리평화회의(1919)**의 결정 때문이었다.

전후 이탈리아는 사회도 경제도 **위기**였다. **엄청난 빚, 대량 실업, 가난**에 시달렸고, 제대 군인은 300만 명이나 되었다.

많은 제대 군인과 대부분의 이탈리아 사람은 파리회의 결과에 **화가 났다**. 이 모든 것 때문에 이탈리아 정치는 **안정을 잃고 불확실**해졌다.

유럽 각지의 급진주의자들은 1917년 **러시아 혁명**을 보고 배워 이러한 위기를 **혁명**을 위한 기회라고 생각했다.

노동자 **수백만 명**이 공산주의자, 사회주의자, 아나키스트 조직에 가입했다. **체제 전복의 기운**으로 유럽 전역이 들썩들썩했다.

사회당은 1914년에 당원이 **5만 명**이었는데 1919년에는 **20만**으로 늘었다. 1919년 선거에서 **이탈리아사회당**은 180만 표(32%)를 얻었다. 연정만 꾸릴 수 있었더라도 집권했을 터이다.

사회주의 노동조합인 **노동총연맹**은 조합원이 200만, 아나키스트 조직인 **이탈리아생디칼조합**은 **50만 명**으로 늘었다.

파업과 점거 운동이 한창일 때, 급진주의자들이 지방정부, 노동사무소, 농민조합에서 주도권을 잡았다. 그들은 생협, 운동클럽, 선술집도 운영했다. 거리 싸움을 벌일 때도 있었지만, 대부분 합법적인 수단으로 이루어낸 성과였다.

반면, 이러한 노력으로 지배계급의 권력은 흔들리고 그 이익도 위협받았다. 1919년과 20년은 '비엔니오 로소'라고 불렸다. '붉은 2년'이라는 뜻이다.

무솔리니는 군 생활 대부분을 병원에서 보냈다.
(매독을 앓았다는 말도 있다.)
그러다 훈련 중 사고를 당했고 1917년에 제대한다.

어찌 됐건, 무솔리니는 이탈리아를 다스릴 새로운 엘리트가 참호에서 탄생하리라 보았고 '트렌초크라시(참호통치)'라는 말을 지어냈다.

제대한 다음 무솔리니는 현역 군인과 퇴역 군인이 떠오르는 정치 세력이라고 보고 공을 들였다.

1919년 3월에 무솔리니는 이탈리아전우단(파시 이탈리아니 디 콤바티멘토)을 창설해, 퇴역한 군인들을 동원하고 조직했다. 이 준군사조직은 검은 셔츠를 맞춰 입었기 때문에 '검은셔츠단'이라는 이름을 얻었다.

검은셔츠단은 독일의 '**자유군단**'은 물론, '**스쿼드리스모**(squadrismo, 행동대전략)'의 영향도 받았다. 스쿼드리스모는 지주와 기업가들이 좌파 단체와 싸우기 위해 만든 **무장단체** 운동이었다.

이탈리아전우단이 만들어지고 한 달이 지난 **1919년 4월 15일**, 검은셔츠단은 첫 번째 중요한 작전을 수행한다. 사회주의 신문사 『**아반티!**』의 사무실을 때려 부순 것이다. 이 사건으로 이 파시스트 무장단체는 사기가 올랐고 좌파와 더 격렬히 싸웠다. 이 무렵 무장단체 대부분이 **무솔리니에게 충성**을 맹세했다. **행동대전략 운동도 검은셔츠단으로 통합**되었다.

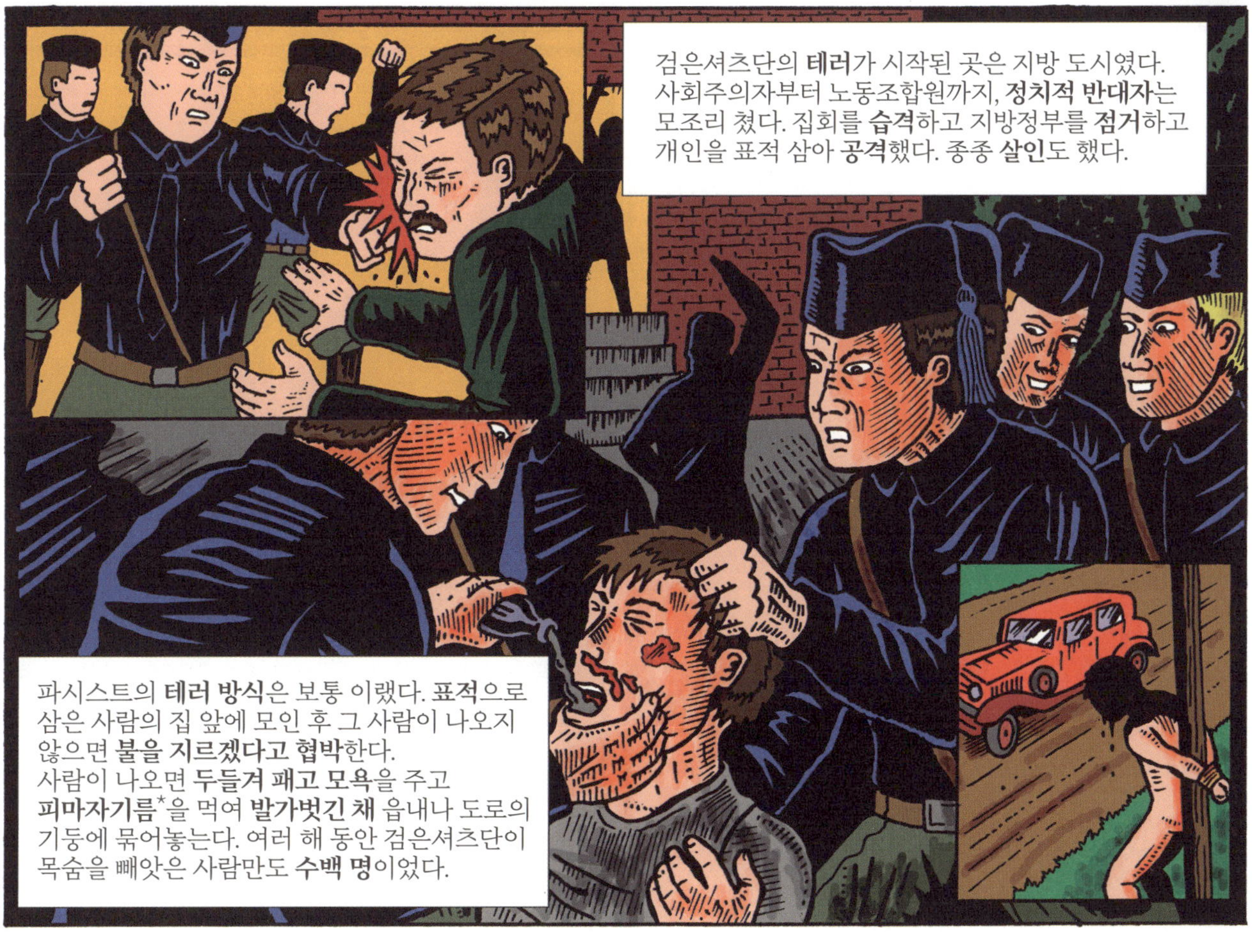

검은셔츠단의 **테러**가 시작된 곳은 지방 도시였다. 사회주의자부터 노동조합원까지, **정치적 반대자**는 모조리 쳤다. 집회를 **습격**하고 지방정부를 **점거**하고 개인을 표적 삼아 **공격**했다. 종종 **살인**도 했다.

파시스트의 **테러 방식**은 보통 이랬다. 표적으로 삼은 사람의 집 앞에 모인 후 그 사람이 나오지 않으면 **불을 지르겠다고** 협박한다.
사람이 나오면 **두들겨 패고** 모욕을 주고 **피마자기름***을 먹여 발가벗긴 채 읍내나 도로의 기둥에 묶어놓는다. 여러 해 동안 검은셔츠단이 목숨을 빼앗은 사람만도 **수백 명**이었다.

*피마자기름을 먹으면 설사를 한다.

사회당은 이런 식의 공격에 전혀 대비되어 있지 않았고, 크게 곤욕을 치렀다.

반격해야 해!

당은 충돌을 원하지 않아!

볼로냐 지방은 '붉은 지대'라고 불렸다. 1919년 선거에서 사회당이 유권자 4분의 3의 표를 얻었기 때문이다. 그런데 파시스트의 테러로 **지역당**이 몇 달 만에 **엉망이 되었다**. 신문사, 농민조합, 생협, 친목 모임이 **1921년 3월과 5월** 사이에 **박살이 났다**.

습격을 마친 후 파시스트들은 **공공장소**를 자기네 것처럼 꾸몄다. 좌파의 상징물, 깃발, 동상을 모조리 **치웠다**. 그 자리에 **이탈리아 국기, 왕의 흉상, 파스케스** 따위를 가져다뒀다.

파시스트가 **행진**하고 **의식**을 치르는 걸 보며 사람들은 새삼 생각했다. '이곳은 한때 좌파 구역이었는데 이제 파시스트가 **다스리는구나**'라고.

1921년 7월 말, 노동 조직과 사회당은 **총파업**에 나섰다. "시민의 자유와 헌법 질서"를 수호하겠다는 명분이었다.

그러나 노동조합은 이 파업에 적극적으로 참여하기 힘들었다. 파시스트들은 **파업 참가자**를 습격했다. 비조합원을 데려다 업무를 시켰고, 자기들이 **노동계급의 소요**에 맞서 **이탈리아를 지킨 영웅**이라며 거들먹거렸다. 나흘 후 파업은 끝났다.

지방 거점을 장악한 파시스트들은 **소도시**와 **마을**로 **세력**을 확대했다.

지역 기업과 **지역 언론**이 파시스트의 **뒷배**를 봐줬다. 파시스트가 좌파를 쳤기 때문이다. **지역 사회**를 휩쓸며 파시즘은 전례 없는 **대중 운동**으로 성장했다. 정부는 **파시스트의 성장**을 막을 의지도 능력도 없었다. 1922년에 검은셔츠단은 **20만 명**에 이르렀다.

ARDITI DEL POPOLO

아르디티란 1차 세계대전 때 이탈리아군 **특수부대**의 이름이다. '**용감한 사람들**'이라는 뜻이다. 아르디티델포폴로('민중의 용감한 사람들')는 '**민중의 코만도**'라는 뜻도 된다.

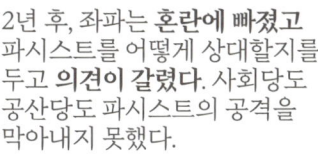

2년 후, 좌파는 **혼란에 빠졌고** 파시스트를 어떻게 상대할지를 두고 **의견이 갈렸다**. 사회당도 공산당도 파시스트의 공격을 막아내지 못했다.

1921년 6월에 '아르디티델포폴로'가 창설되었다. **참전 용사**이자 **아나키스트**인 아르고 세콘다리가 애쓴 덕분이다. 제대한 군인과 좌파가 모여 **파시스트의 공격에 맞설 조직**을 만들었다. 아르디티 단원은 1921년 여름에 약 **2만 명**이었다.

아르디티는 설립된 바로 그달부터 **거사**했다.

1921년 6월과 7월에 사르차나라는 도시에서 **검은셔츠단**과 **아르디티 전사**가 싸워 **일곱 사람**이 죽었다. 군인들이 파시스트 **11명**을 붙잡아 감옥에 넣었다.

7월 21일에 **파시스트 300명**이 무장을 하고 사르차나로 내려왔다. 사회당이 이끌던 시 정부에 자기네 **동료를 석방하라**고 요구했다.

군과 **총격전**이 벌어져 파시스트 **다섯**이 죽고 나머지는 숨거나 교외로 달아났다. 아르디티 전사들이 쫓아가 파시스트 **다섯**을 더 죽였다. 파시스트들은 깜짝 놀랐다. 얼마 뒤 폭력 행위를 그만두자는 **평화 협정**이 체결된 것은 이 사건 덕분이었다.

아르디티는 **민중에게 인기가** 있었지만, 사회당과 공산당(PCI) 등 덩치 큰 좌파 정당은 아르디티를 **인정하지 않았다.**

아르디티는 **군대처럼 조직**되었다. 대대, 중대, 분대로 나뉘었다. **분대원 10명**과 분대장 1명이 1개 **분대**가 되고, 분대 넷이 모여 1개 **중대**를 이뤘다. 부대를 이끌 사람은 부대원들이 뽑았다.

이탈리아 공산당은 당원들이 아르디티에 가입하지 못하게 막았다. 대신에 당은 '공산당행동대'라는 자체 조직을 만들었다. 그런데 조직은 **소극적**이었고, **합법 노선**과 **비폭력 전략**을 고집했다.

1921년 8월 **사회당**과 **무솔리니**는 평화 협정을 맺었다. 이렇게 된 데는 사르차나 사건이 한몫했다. 파시스트들이 사르차나 사건에 매우 놀랐기 때문이다. **아르디티의 공**이었다.

무솔리니 역시 검은셔츠단을 제어하라는 **압력**을 받던 참이었다. 검은셔츠단이 자기 말은 따른다는 사실을 **정치권**에 보여줘야 했다. 사람들은 이 협정을 보며, **행동대 전략이 약해지겠구나** 생각했다.

그런데 사실, 무솔리니는 **손을 놓고 있었다.** 행동대를 다잡을 생각이 없었다. 그래서 좌파는 이탈리아 전역에서 여전히 **공격을 당했다.**

1921년 11월에 로마에서 세 번째 **파시스트 회의**가 열렸다. 무솔리니는 **국가파시스트당(PNF)**을 설립했다. 검은셔츠단이 **군대식 조직**을 갖춘 무장단체가 된 것도 이때였다.

1922년 8월에는 아르디티와 검은셔츠단이 크게 **충돌**했다. 작은 도시 **파르마**에서 벌어진 일이다. 파시스트 **2만 명**이 몰려와 좌파 시민이 많은 이 도시를 빼앗으려 들었다.

8월 1일에 파시스트 선발대가 도착하자 **아르디티**는 방어 진지를 구축했다.

주민 대부분이 함께 나서서 **바리케이드**를 세우고 **참호**를 팠다. **음식**을 가져다주고 여러 모로 도왔다.

며칠 동안 격렬한 **시가전**이 벌어졌다. 아르디티는 약 **350명**뿐이었지만, 파시스트의 공격을 막아냈다.

8월 7일에 파시스트들은 **퇴각**하기 시작했다. 사기가 꺾이고 진열도 흐트러진 채였다. **검은셔츠단**은 **40명**이 죽고 **150명**이 다쳤다. **아르디티** 쪽 사망자는 **다섯**이었다. 부상자는 여남은 명이었다.

지금 와 널리 인정되는 사실이 있다. **사회당과 공산당**의 관료들이 아르디티를 무너뜨리기 위해 **뒷공작**을 폈다는 것이다. 그러지만 않았어도 아르디티는 힘센 조직으로 남아, 파시스트들이 이탈리아의 정권을 가로채지 못하게 **막았을지 모른다**.

1922년 10월 22일, 파시스트들이 악명 높은 '로마 진군'에 나섰다. 검은셔츠단 **3만 명**이 모여 수도를 향해 **행진**했다.

이때 이탈리아 **정부는 힘이 없었다**. 어떻게 대응할지를 놓고도 **갈팡질팡**했다. 군대를 동원하면 **내전**이 터질까 **겁을 먹은** 관료도 있었다. **무솔리니를 밀어주기로 작정한 군 장교**와 **지배계급** 사람들이 많았다.

순전히 세를 **과시**하고 싶어서, 파시스트들은 행진 중간중간에 **좌파 지역**을 들러 관청, 클럽, 생협을 **때려 부쉈다**.

이탈리아를 가로지르며 **전신국, 철도역** 같은 **거점** 역시 **장악**했다.

1922년 10월 29일, 국왕인 에마누엘레 3세는 무솔리니를 **총리**로 지명했다. 파시스트당은 **집권당**이 됐다.

관료 대다수는 무솔리니를 **얕잡아봤다**. 일단 책임 있는 자리에 앉히면 **고분고분해지리라** 생각했다. 곧 알게 되겠지만, 헛된 생각이었다.

두 달 후 토리노에서 파시스트가 좌파를 쳤다. '**토리노 학살**'이라 불리는 **만행**이었다(1922년 12월 18일부터 20일까지).

검은셔츠단은 **노동조합 본부**에 불을 질렀다. 사회당 클럽 두 곳을 **습격**했고 공산당 신문 편집자들을 잡아갔다. 좌파 활동가를 공원에 모아놓고 11명을 **죽였다**. 차에 묶인 채 끌려가다 숨진 이도 있었다. **크게 다친** 사람만도 10명이었다.

파시스트는 선거법을 뜯어고치고 **테러**와 **협박**을 시작했다. 좌파 활동가들이 계속 **죽임**을 당했다. 말썽 많던 **1924년 4월 선거**에서 파시스트가 크게 이겼다.

자코모 마테오티가 사회당 지도자였다. 새 선거법은 엉터리이며 파시스트당은 **부정 선거**를 저질렀다고 비판했다. **파시스트당의 범죄**를 조목조목 밝힌 책도 냈다.

1924년 6월, 마테오티가 **납치·살해**당했다. 며칠 후 파시스트 살인자들이 체포되었다. 마테오티의 죽음을 둘러싸고 이탈리아에서 큰 **논란**이 일었다. 그러나 **파시스트 체제**가 이미 자리 잡았기 때문에, **저항**하는 좌파의 목소리는 크지 않았다.

9월, 파시스트 대의원 하나가 안티-파시스트 **조반니 코르비**의 손에 죽었다. 마테오티 암살의 **앙갚음**이었다.

1925년 초가 되자, 무솔리니는 민주주의를 하는 시늉조차 하지 않았다. **국가파시스트당**이 유일한 합법 정당이 되어 **일당 독재**를 했다. **파시스트 이념과 문화**가 강요되었다. **일자리**나 **국가 보조**를 얻으려 해도 파시스트당 당적이 있어야 했다.

몇 차례 암살 위기를 넘긴 후, 1926년 11월 무솔리니는 **비상사태법**을 선포했다. 이 법 때문에 나라 안의 안티-파시스트와 좌파들이 싹 다 잡혀들어갈 판이었다. 대부분은 **프랑스로 탈출**했다. 이때 이후 이탈리아 땅에서 본격적인 안티-파시스트 운동은 하기 힘들어졌다.

무솔리니는 **조합주의 국가**란 것을 만들었다. 이 국가는 자본주의와 공산주의를 극복하고 모든 시민을 하나로 **단결**시킬 것이라고 했다.

자기가 제창한 '조합주의'가 노동자와 사용자 사이의 갈등을 해결하리라는 것이다. 실상은 달랐다. 조합주의는 **대기업** 편을 들었고 **노동자**를 엄격하게 **통제**했다.

말로는 자본주의에 반대한다고 했지만, 파시스트 정권은 **대기업을 밀어줬다**. 국영기업을 민영화했으며 은행과 주요 산업에 자금을 제공했다.

무솔리니는 성직자를 싫어했지만, **가톨릭교회의 라테라노 조약**에 서명했다. **바티칸 교황령을 독립 국가**로 인정한다는 내용이었다.

무솔리니는 **세계 지도자들한테 칭찬**을 받았다.

이탈리아 파시스트당은 여러 나라의 파시스트에게 **본보기**가 됐다. 1920년대 후반 무솔리니는 독일 **나치당**에 자금을 대고 히틀러의 **갈색셔츠단**을 훈련시켰다.

소말릴란드는 이탈리아의 **식민지**였다. 거점 해군 기지도 있었다. 그런데 무솔리니는 이탈리아 세력을 이 지역에서 더욱 키우고 싶었다. **이탈리아가 제국**이 되기를 꿈꾼 것이다.

1935년 10월, 70만 병력으로 이탈리아는 **에티오피아**를 쳤다. 4년에 걸친 **끔찍한** 전쟁의 시작이었다. **검은셔츠단**도 10만 명 넘게 배치되었다. 그들이 전투를 주도한 지역도 있었다.

이탈리아에서 파시스트는 **적대자**만 골라 폭력을 썼다. 반면 에티오피아에서는 **닥치는 대로** 학살했다. **제노사이드**를 저지른 것이다. 70만 명이 넘는 에티오피아 사람들이 숨졌다.

이탈리아군은 **화학 무기**를 썼다. 식수원과 농작물에 독을 뿌렸다. 병원을 **폭격**하고 마을을 **파괴**했다. 1937년에는 이탈리아 지휘관 하나가 암살당할 뻔했다고 에티오피아 사람 3만 명을 학살했다. **검은셔츠단**이 많은 사람을 **죽였다**.

1939년, 에티오피아의 **마지막 게릴라**가 항복했다.

이탈리아는 에티오피아와 소말릴란드를 **합병**하고 **이탈리아령 동아프리카**라는 식민지를 만들었다. 이런 짓을 하면서도 국제 사회의 제재를 받지 않았다. 1938년에는 **영국과 프랑스**가 이탈리아의 에티오피아 지배를 **승인**해줬다.

1926년 **비상사태법**이 제정되자, 안티-파시스트 조직은 이탈리아에서 **불법**이 되었다. **고립**되고 **무력**해졌다. 대부분은 프랑스로 탈출했다.

'정의와자유'(GIL, 1929년 창설) 같은 **비밀 조직**이 결성되었지만, 이탈리아 안에서 영향력은 거의 없었다.

1936년 7월 **에스파냐 내전**이 터졌다. 민족주의 진영(파시스트 포함)과 공화국 지지파가 맞서 싸웠다. 이탈리아 정부는 무기와 장비와 함께 **군인 9만 명**을 보내 민족주의 진영을 도왔다.

이탈리아가 파견한 군대는 **이탈리아자원군**(CTV)이라 불렸다. 전쟁 초기 이들은 **마드리드를 폭격**하기도 했다.

여러 나라에서 온 사람들이 공화국 진영을 돕기 위해 **국제여단**을 만들었다. 이탈리아 출신 안티-파시스트도 3,500여 명에 이르렀는데, 그중 500명이 죽고 2천 명이 다친다. 1936년 9월에는 이탈리아 출신인 **가스토네소치 대대**와 아나키스트 조직인 **이탈리아 종대**가 에스파냐에 도착했다.

1936년 10월, 이탈리아에서 온 공화주의자와 사회주의자와 공산주의자가 **파리**에서 의용군을 창설했다. 이들은 이탈리아 민중이 파시스트 체제에 맞서 봉기하기를 바랐다. 의용군 이름은 '**가리발디 여단**'이었다. **최초의 국제여단** 중 하나였으며 **제12국제여단**의 핵심 병력이었다. 여러 해 동안 많은 전투를 치렀다. **마드리드 포위전**과 **과달라하라 전투**에서도 활약했다.

1937년 3월, 프랑스로 탈출했던 이탈리아 출신 아나키스트들이 '**죽음의대대**'라는 무장단체를 조직해 에스파냐 내전에 뛰어들었다. 에스파냐에 온 이탈리아 의용병 중에는 무솔리니가 정권을 잡기 전 **아르디티델포폴로**에서 활동하던 사람들이 많았다.

이탈리아 사람들은 1937년 3월의 **과달라하라 전투**에도 참여했다. 이탈리아 파시스트들이 **마드리드로 진군**하던 때의 일이다. 파시스트들은 단단히 무장했고 장비도 좋았던 반면, 공화국 지지파들은 수도 적고 무장도 변변찮았다. **공화국 군대**의 선봉에 이탈리아 출신의 **가리발디 여단**이 섰다.

2주 남짓 싸운 끝에 공화국 군대가 이탈리아 파시스트를 물리쳤다. 파시스트 쪽 **전사자**는 **3천**이 넘었고 **부상자**는 **4천 명**이었다. 이탈리아 출신 안티-파시스트들의 구호는 이랬다. "오늘은 **에스파냐**에서, 내일은 **이탈리아**에서." 나중에 현실이 될 구호였다.

그러나 에스파냐 내전은 1939년에 **민족주의 진영**의 **승리**로 끝났다. 이탈리아 출신 활동가들도 프랑스로 돌아갔다. '정의와자유' 모임을 창설한 카를로 로셀리 형제가 1937년 파시스트 손에 목숨을 잃은 후 **지하 조직**으로 활동했다.

1938년, 이탈리아에서 **반유대주의** 법안이 통과되었다. 이름하여 '**인종선언법**'이었다.

negozio ariano
아리아 사람의 상점

이 법으로 유대인은 **시민권을 잃었고** 부동산과 **사업체를 빼앗겼으며** 취업이 제한되었다. 유대인 아닌 사람과는 결혼도 성관계도 **금지**되었다.

1939년 5월에 이탈리아와 독일은 '**강철협약**'을 맺었다.

두 파시스트 정부가 맺은 **군사 동맹**이었다. 협약에는 남몰래 2차 세계대전을 준비하자는 내용도 있었다. 그런데 **에스파냐 내전**과 **에티오피아 전쟁**을 치르며 이탈리아는 경제 사정이 좋지 않았다. 산업 생산도 적고 군사 기술도 뒤처졌다. 이탈리아는 **유럽 전쟁**을 1943년 **이후**로 미루자고 요청했다.

독일은 **1939년 9월 폴란드**를 쳤다. **2차 세계대전**의 시작이었다. 그런데 무솔리니는 사전에 그 사실을 몰랐다. 강철 협약을 맺었는데도 말이다. 결국 이탈리아는 **1940년 6월**이 되어서야 전쟁에 끼어들어 **프랑스 남부**를 쳤다. (독일은 이미 그해 5월에 프랑스로 쳐들어갔다.)

이탈리아 군대가 싸워야 할 전쟁터는 **북아프리카, 지중해, 러시아, 그리스, 유고슬라비아, 알바니아**였다. 그러나 리더십은 변변찮았고 전략은 형편없었으며 군사 장비는 낡아빠졌다. 이탈리아군은 3년 내내 **지고 또 졌다.**

1943년 7월 **연합군**이 **시칠리아**에 상륙해 이탈리아 남부를 노렸다. 7월 25일에 에마누엘레 3세는 무솔리니를 **총리 자리에서 내쫓고** 잡아 가두었다.

국가파시스트당도 검은셔츠단도 허물어졌다.
새로 들어선 정부는 연합군을 상대로 **비밀리**에 **항복 협상**을 진행했다.

1943년 9월에 가서야 이탈리아는 공식적으로 **연합군에 항복**한다. 그런데 독일 사람들은 이미 비밀 협상을 알고 있었다. 그래서 **이탈리아 북부를 장악**했다.

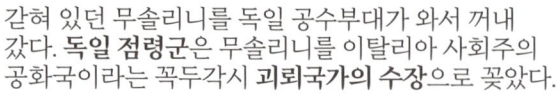

갇혀 있던 무솔리니를 독일 공수부대가 와서 꺼내 갔다. **독일 점령군**은 무솔리니를 이탈리아 사회주의 공화국이라는 꼭두각시 **괴뢰국가의 수장**으로 꽂았다.

독일에 점령된 이탈리아 북부에서 안티-파시스트가 **게릴라 전쟁**을 일으켰다. 1943년부터 독일이 항복하는 1945년까지 싸웠다. 게릴라 활동은 **이탈리아의 저항 운동**이었다. 이탈리아 군인부터 좌파 활동가까지 **다양한 사람들**이 참여했다.

저항 운동은 **자발적으로** 시작되었다. 독일군이 점령한 도시에서 사람들은 **봉기**했다. 도시에서도 시골에서도 **빨치산**이 조직되었다. 나라에 충실한 이탈리아 군인들이 독일 군인들과 싸우다가 전투가 시작되기도 했다. 한 전투가 끝나면, 수천 명의 **이탈리아인 수감자**가 학살당했다. 전쟁이 끝날 때까지 이탈리아 군인 **75만 명**이 수감된다.

저항군의 기초는 처음부터 주로 **좌파와 안티-파시스트** 조직이었다. 이들 중 몇몇은 무솔리니 파시스트 정권과 **수십 년**을 싸운 사람들이었다. 빨치산끼리 손발을 맞추기 위해 **민족해방위원회(CLN)**라는 조직을 결성했다. **공산주의자, 사회주의자, 아나키스트, 리버럴, 민주주의자**가 두루 참여했다.

민족해방위원회는 이탈리아 정부 및 **연합군**과 함께 일했다. 위원회의 세 주축은 공산주의 계열인 **가리발디 여단**, 행동당 계열인 **정의와자유 여단**, 사회주의 계열인 **마테오티 여단**이었다. 한편 아나키스트와 공화주의자와 트로츠키주의자처럼 위원회에 속하지 않은 빨치산도 있었다.

여성 전사도 많았다. 전쟁이 끝난 후, 빨치산 운동을 했다고 인정받은 여성은 **2만 5천 명**이었다.

1944년에 저항 운동에 참여한 사람은 **25만 명**이었다. **매복, 습격, 암살, 사보타주**를 했다. 표적은 독일군과 이탈리아 파시스트였는데, 이들은 앙갚음으로 시민 수백 명의 목숨을 빼앗았다. 가장 악질적인 **부역자 집단**은 검은여단이었다. 해체된 **검은셔츠단**을 대신해 나타난 무장단체였다.

1945년 4월, **민족해방위원회**는 점령군에 맞서 **봉기**할 것을 호소했다. 빨치산은 **볼로냐**와 **제노바**를 해방했다. 때마침 연합군의 도움도 받았다. 밀라노와 **토리노**에서는 **총파업** 기간에 노동자들이 총을 들고 공장을 장악했다. 총파업은 **봉기의 마중물**이었다.

5월 2일, 이탈리아에 있던 독일군이 공식적으로 **항복**했다.

1945년 4월 27일, 스위스로 달아나려던 **무솔리니**와 파시스트 관리들을 빨치산이 **붙잡았다**.

이들은 이튿날 **처형**당했다. 사람들은 파시스트의 주검을 **밀라노**에 가져가 광장에 **매달았다**.

북부를 **해방**할 때 **좌파** 군대의 공이 컸다. 이들 중 몇몇은 **혁명적 변혁**을 바랐다. **연합군 사령부**는 잽싸게 빨치산을 **무장 해제**하고 **통제**를 가했다.

빨치산이 **무장 해제**당하는 일에 **공산주의자**들이 **맞장구**쳤다. 전쟁 후 들어설 정부에서 한자리 맡기를 바라서였다. 실제로 일어난 일은 정반대였다. 1947년에 공산주의자들은 정부에서 쫓겨났다. **미국의 압력** 때문이었다. 미국은 **마셜 플랜**으로 전후 이탈리아에 **돈을 댔고 경제와 정치를 주물렀다**.

하지만 전쟁이 끝날 때 **무기를 내려놓지 않은** 빨치산도 적지 않았다.

그 사람들이 여러 달 동안 쫓아다니며 **처단**한 **파시스트**와 **나치 부역자**가 수천 명이었다. (1만 명이 넘는다는 이야기도 있다.)

전쟁과 혁명, 그리고 반혁명의 혼란 속에서 태어난 나치 독일
NAZI GERMANY

1918년 가을, **11월 혁명**이 터졌다. 북해의 항구인 **킬**과 **빌헬름스하펜**에서 수병들과 노동자들이 **봉기했다**. 죽기를 각오하고 영국 해군과 싸우라는 명령이 내려오자, 이에 반발한 것이다.
이들은 **1917년 러시아 혁명**을 본떠 **소비에트** 비슷한 **위원회**도 만들었다.

혁명은 독일 곳곳으로 퍼졌다. 혁명 세력은 피를 흘리지 않고 수많은 도시를 손에 넣었다. 11월 9일, 황제가 물러났다. **군주제**가 무너졌다. **독일공화국**이 선포되었다. 이틀 후 새 정부는 연합군과 **평화 협약**을 맺었다. **1차 세계대전**의 끝이었다.

황제는 퇴위, 독일은 혁명

독일사회민주당(SPD)이 새 정부를 주도했다. 이 당은 유럽에서 **가장 큰 사회주의 정당**이었고, 독일에서도 거대 정당이었다. 그런데 이들은 **개혁주의자**였다. 법을 어기지 않고 **선거**를 통해 권력을 잡아야 한다고 생각했다. **혁명 좌파**에 맞서 **군대**를 동원할 정도였다.

좌파 급진주의자들이 **독일공산당**(KPD)을 결성하자, **개혁파**와 **혁명파**의 갈등은 극에 달했다. 1919년 1월, 공산당은 총파업을 했다. '**스파르타쿠스단 봉기**'의 시작이었다.

1월 7일 **베를린**에 봉기를 지지하는 노동자 50만 명이 모였다. **무장**한 이가 많았다. 경찰 본부 등 주요 거점을 장악했다. 그러자 사회민주당은 **군대**를 보냈다. 무장단체인 '**자유군단**'도 불러들였다. 피비린내 나는 시가전을 일주일 남짓 치른 후 진압군이 도시를 점령했다. **스파르타쿠스단** 사람 1,200명이 **죽임**을 당했다.

자유군단은 **스파르타쿠스단** 봉기의 두 지도자 **칼 리프크네히트**와 **로자 룩셈부르크**를 1월 14일에 붙잡았다. 두 사람은 맞아 죽었다.

1919년 1월 19일, **사회민주당**은 선거에서 압승해 **다수당**이 되었다. 새 정부는 바이마르라는 도시에 자리를 잡고 의회민주주의 체제로 운영되었다. **바이마르 공화국**이 열렸다.

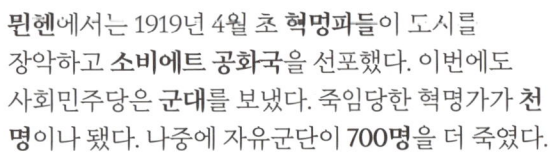

뮌헨에서는 1919년 4월 초 **혁명파**들이 도시를 장악하고 **소비에트 공화국**을 선포했다. 이번에도 사회민주당은 **군대**를 보냈다. 죽임당한 혁명가가 **천 명**이나 됐다. 나중에 자유군단이 **700명**을 더 죽였다.

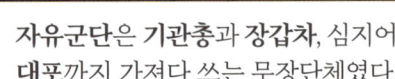

자유군단은 **기관총**과 **장갑차**, 심지어 **대포**까지 가져다 쓰는 무장단체였다.

전쟁이 끝난 후 **소집 해제된** 군인들이 자신들이 쓰던 무기를 그대로 들고 나온 것이다. 군부의 후원도 받았다. 자유군단에는 **수백 개의 무장단체**가 있었다. 백 명부터 5천 명까지 규모도 다양했다. 우파 민족주의자가 대부분이었다. 이들이 훗날 **나치당의 근간**을 이룬다.

나치당은 1919년 1월 뮌헨의 **독일근로자당**(DAP)에서 시작되었다. 이들은 우파 민족주의자에 **반유대주의자**였다. 백인 아리아족(독일 사람)이 제일 잘났다고 믿었다. 이들은 반공주의자였지만, **자본주의에 반대하는** 척하며 사회주의자의 언어를 썼다. 노동자들을 좌파에서 빼내 자기네 쪽으로 끌어들이기 위해서였다. 파시스트가 지금껏 **잘 써먹는 수법**이다.

1919년 6월, 바이마르 정부는 **베르사유 조약**에 서명했다. 그런데 조약에는 **전쟁 배상금 314억 달러**를 독일이 물어준다는 가혹한 조항이 있었다. 사람들은 정부에 **화**를 냈다. 이 틈에 극우 조직이 활개를 쳤다. **대량 실업**과 가난, **인플레이션**이 맞물려 **사회 갈등**과 **정치 불안정**이 심해졌다. 이탈리아에서 그랬던 것처럼 말이다.

베르사유 조약

1919년 가을, **아돌프 히틀러**가 독일근로자당에 들어갔다. 얼마 안 가 그 당의 **간판급 연설자**가 되었다. 연설의 주제는 베르사유 **조약의 불공정함과 유대인**이었다.

1920년 2월, 당은 좌파 노동자를 끌어오기 위해 이름을 갈아치웠다. 새 이름은 **국가사회주의독일근로자당**(NSDAP)이었다. '**나치**'란 국가사회주의(Nationalsozialistische, 나치오날 소치알리스티셰)라는 이름의 줄임말이다.

연합국의 **압력**을 받은 정부는 1920년 초부터 **자유군단 해산**에 나섰다.

그런데 어떤 부대는 해산하지 않겠다고 버텼다. **1920년 3월**, 5천 명쯤 되는 병력이 **베를린을 장악**했다. 바이마르 공화국을 무너뜨리고 우익 독재정권을 세우겠다고 나섰다. 이 사건은 **카프 폭동**이라 불린다. 정부군이 반란군에게 총을 쏘지 않겠다고 버티는 바람에 정부는 달아나야 했다.

하지만 고작 나흘을 버티고 우익 새 정부는 **항복**했다. 노동자가 **총파업**으로 나라를 마비시켰기 때문이다. 나라 안에서 아무 일도 돌아가지 않았다. 참여한 노동자가 **1,200만 명**이 넘었다. 독일에 일찍이 없던 **강력한** 파업이었다.

총파업이 **무장봉기**로 이어진 지역도 있었다. **공산주의자들**은 3월 17일에 **루르 지역**을 쳤고, 도시 몇몇을 손에 넣었다.

5만 명이 넘는 노동자가 총을 들고 각 지역의 자유군단을 물리쳤다. 어떤 전투에서는 600명 이상의 자유군단 병사를 생포하기도 했다. 그러나 더 많은 **자유군단과 정부군**이 몰려왔다. **죽임당한 노동자가 수백 명**이었다. 많은 사람이 자유군단의 손에 **즉결 처형**당했다.

1921년 여름, 히틀러는 나치당의 **최고 지도자**가 되었다. 이때 당원은 2천 명이었다. 이 무렵 **돌격대(SA)**도 **창설**되었다. 나치당이 집회할 때 경호를 하고 정치적 반대 세력이 집회할 때 습격하는 **준군사조직**이었다.

돌격대는 **갈색셔츠단**으로 불렸다. 갈색 제복을 맞춰 입었기 때문이다. 원래 **아프리카에 있던 독일 식민지**에서 쓰려고 만든 **제복**인데, 베르사유 조약으로 독일이 식민지를 잃자 옷이 헐값에 풀린 것이다.

갈색셔츠단은 이탈리아의 검은셔츠단과 닮았다. 괴로움과 분노에 사로잡힌 **제대 군인**과 **옛 자유군단 출신**이 대부분이었다. 이 사람들은 바이마르 공화국을 반역자들의 **정부**로 여겼다. 독일이 1차 세계대전에서 진 까닭도 **좌파와 유대인**의 뒷공작 때문이라고 생각했다.

1923년 11월 9일, 나치당은 **뮌헨**에서 **쿠데타**를 시도했다. 이른바 '**맥주홀 폭동**'이다. (파시스트당의 **로마 진군**을 본보기 삼았다.)

히틀러는 **5년형**을 선고받았다. 옥살이는 아홉 달만 했다. 감옥에서 『**나의 투쟁**』이라는 자서전을 썼다. **반유대주의**와 나치 신념을 담은 책이었다.

쿠데타를 시도하고 재판을 받은 일 때문에 히틀러는 **언론의 관심**을 끌었다. 히틀러는 자기의 **나치 이데올로기**를 온 나라에 **선전**할 기회를 얻었다.

정권을 탈취하기는커녕, 2천 명의 나치 당원은 뮌헨 도심으로 행진하다가 **뿔뿔이 흩어졌다**. 나치 이념에 공감하지 않던 지방정부 관리가 경찰과 군대를 동원해 해산시켰다. 총격전을 벌였고 나치 16명이 죽었다. **히틀러는 체포되어 반역죄로 24일 동안 재판을 받았다.**

*원문에는 24일간의 재판으로 되어 있는데, 실제로는 1924년 2월 26일부터 3월 27일까지 재판이 열렸고 선고는 더 이후에 내려졌다.

슈바스티카(SWASTICA)

슈바스티카는 고대의 문양이다. 세계 곳곳의 사람들이 사용했다. 유럽의 **북방** 인종도 이 문양을 썼다.

1900년대 초 독일 **민족주의** 운동의 몇몇 조직이 슈바스티카를 가져다 썼다. 자기들 조상이 북방 인종이라 주장하며 '**아리아족**'의 이념을 선전했다. 이 운동에 참여한 **극우 민족주의자**도, **자유군단**의 몇몇 부대도 슈바스티카 문양을 사용했다.

누가 나치였나?

아돌프 히틀러는 오스트리아에서 태어났다. **분노하고 주눅 든** 젊은이로 살다가 반유대주의 문헌에 노출되었고, 유대인은 **악마의 종족**이라는 생각에 **사로잡혔다**.

1차 세계대전이 끝난 후, 히틀러와 **에른스트 룀**은 군부의 지시에 따라 **독일근로자당에 침투**한다. 종전 후 군의 몸집을 줄여야 했는데, 군부의 속셈은 **극우 집단**의 **준군사조직**을 토대로 **비공식 군대**를 만들어보겠다는 것이었다. 히틀러는 파시스트들의 명분을 믿게 되었고, 후일 그들의 **최고 지도자**가 된다.

헤르만 괴링은 1차 세계대전 때 파일럿으로 유명했다. **전쟁 영웅**에다 **상류 계급** 출신이었던 터라, 이 사람 덕분에 나치당도 낯이 섰다. 훗날 괴링은 히틀러에 이은 **2인자**가 되고 독일 공군인 **루프트바페**를 지휘한다.

하인리히 힘러는 1925년에 나치당에 가입했다. 1929년에 **SS 친위대**의 수장이 된다.

SS는 **나치당의 간부와 행사를 경호**한다는 명분으로 창설되었다. 나중에는 독일의 비밀 요원 노릇을 하며 그 잔인함 때문에 유명해졌다. 힘러는 **오컬트**와 **인종적 순수함**에 집착하던 사람인데, 아이러니하게도 본인은 SS가 되기 위한 **엄격한 신체 조건**을 갖추지 못했다.

나치당은 스스로 노동자의 정당이라고 선전했지만, 사실 그들 대부분은 **중간 계급 시민**이었다. 시골의 **개신교** 지역에서 가장 지지받던 정당이었다.

농부, 소상공인, 숙련공, 공무원 같은 사람이 나치당의 뼈대를 이루었다. 자기네 수입이 줄어들고 사회적 지위를 잃을까 **겁먹은 사람들**이었다. 대기업과 노동조합에 화가 나 있었고, 공산주의 혁명을 두려워했다. 그래서 이 사람들은 나치당이 미는 조잡한 **음모론**에 쉽게 넘어갔다.

1920년대를 지나며 나치당은 **중간 계급**에서 지지세를 확장했다.
1929년에는 당원이 약 **13만 명**이었다.

1920년대 후반, **경제**는 살아났고 사회도 조건이 나아졌다. 그러다가 **1929년**에 미국의 주식시장이 붕괴하고 **대공황**이 시작되었다. 독일은 **대량 실업**과 **가난**에 시달렸다.

많은 **중간 계급** 시민들이 보기에 나치당은 공산주의 **혁명에 맞서** 그들을 보호하고 법과 질서를 수호할 세력 같았다. 사회 질서가 무너진 이유 중 하나가 당시 40만 명이나 되던 **갈색셔츠단** 때문이었는데 말이다. 나치당은 자기들이 경제를 살리고 **독일을 강하게** 만들겠다고 주장했다.

1919년부터 1923년 사이, **봉기**와 길거리 **싸움** 때문에 죽은 사람은 **2천 명**이 넘었다. 1924년부터 1930년 사이에는 **정치 폭력**으로 숨진 사람이 125명을 조금 넘을 뿐이었다.

대공황 이후 **정치 폭력은 증가**했다. 1930년에는 좌파 활동가 44명과 나치 17명이 죽임당한 것으로 추산된다. 이듬해에는 나치 42명과 좌파 52명, **1932년**에는 나치는 84명쯤, 좌파는 75명이 숨졌다.

1928년 총선에서 나치당은 고작 2.6%의 표를 얻었다. 그런데 1930년에는 사회민주당에 이어 두 번째로 의석이 많은 당이 된다. 1932년에는 **제1당**이 되었다. 37% 득표로 제국의회 전체 608석 가운데 **230석**을 얻는다.

1933년 1월, 힌덴부르크 대통령은 히틀러를 **총리**로 지명한다. 연립내각을 꾸리느라 나치당은 장관 자리를 별로 챙기지 못했다. 상황이 **이탈리아**와 비슷했다. 권력을 쥔 **엘리트**들은 파시스트의 기회주의를 **얕잡아** 봤고 나치당이 좌파보다 **위험하지 않다**고 생각했다.

힌덴부르크는 처음에는 히틀러 총리 지명에 **반대**했다. 히틀러는 **편협한** 인물이라 다른 정당과 함께 일하지 못하리라고 본 것이다. 그런데 힘 있는 **기업가들, 은행가들, 군 장성들**은 좌파 정당보다 나치당이 낫다고 생각했고, 결단을 내리라고 대통령을 **압박했다**. 이들 가운데 몇몇은 히틀러를 정부에 참여시키면 **고분고분**해질 거라 생각했는데...

1933년 2월, **제국의회 의사당 방화 사건**이 터졌고 공산주의자들이 비난을 받았다. 히틀러는 이 상황을 이용했다. **시민권을 제한**하고 여러 조직을 **금지**했다. **공산당**과 **안티-파시스트** 조직도 금지되었다. 히틀러는 그다음 달에 **전권위임법**(수권법)을 통과시켰다. 그를 **독재자**로 만드는 법이었다.

노동조합도 정당도 법으로 **금지**되었다. **정치범**이 수백 수천씩 **체포**되었다. 이들을 가두려고 나치는 다하우에 첫 번째 **강제 수용소**를 지었다. 1933년 3월 첫째 주에 약 **11,000명**의 **공산당원**이 잡혀갔다.

이렇게 나치당은 **권력**을 잡았다. 나치당의 공포 **정치**는 2차 세계대전 때까지 유지될 터였다. **안티-파시스트** 저항 운동은 어떻게 되었을까?

1933년 이전 독일의 안티-파시스트 저항 운동

안티-파시스트 **저항 운동**은 1920년대에 강력했다. 좌파의 다양한 준군사조직은 **길거리 싸움**을 벌이거나 나치를 **습격**했다. 독일 일부, 특히 도시 지역에서 나치는 아주 **많은 인원**이 모이거나 **경찰의 보호**를 받을 때만 거리를 나다닐 수 있었다.

그러나 국가는 **좌파**를 극우파보다 심하게 **탄압**했다. 대놓고 나치를 지지하는 **경찰**과 **군 장교**와 **판사**들이 있었다.

좌파의 **분열** 또한 심했다. **사회민주당**(SPD)은 본격적인 저항 운동을 막았다. **선거 결과**가 앞으로도 잘 나오리라 기대했기 때문이다. 공산당은 그런 사민당이 **기회주의적**이고 **반동적**이라고 여겼다.

1928년, **독일공산당**(KPD)은 스탈린과 공산주의 인터내셔널이 시키는 대로만 했다. 그들은 사회민주당을 '**사회파시스트**'라고 불렀고 파시즘의 **공범**으로 여겼다. 상황이 이러하니 공산당과 사회민주당은 **단결**도 **협력**도 할 수 없었다. 마찬가지로 사민당도 공산당이 하는 일마다 **어깃장**을 놨다. 1919년과 1920년에는 공산주의 혁명을 막겠다며 **유혈 탄압**을 벌였더랬다.

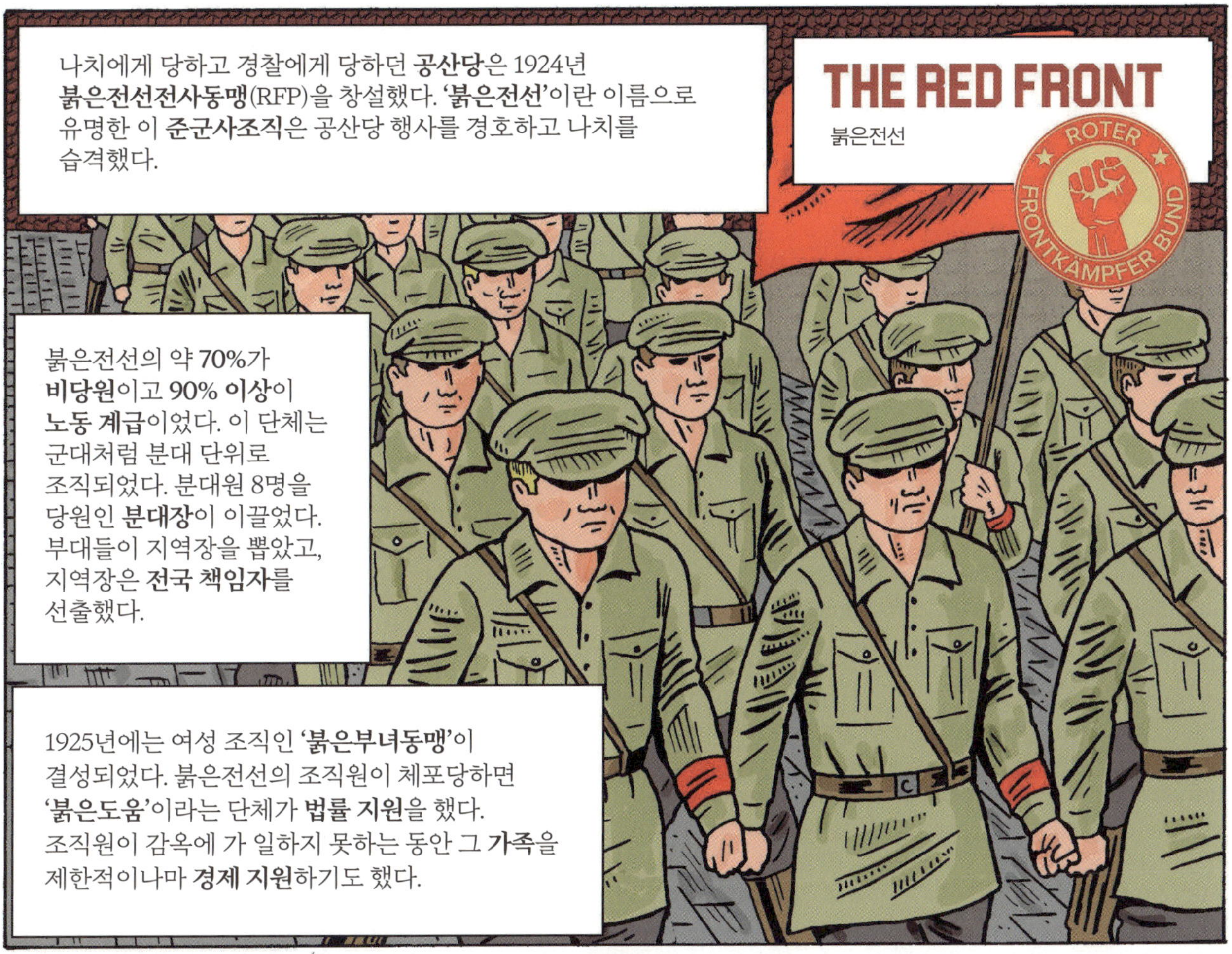

나치에게 당하고 경찰에게 당하던 **공산당**은 1924년 **붉은전선전사동맹**(RFP)을 창설했다. '붉은전선'이란 이름으로 유명한 이 **준군사조직**은 공산당 행사를 경호하고 나치를 습격했다.

THE RED FRONT
붉은전선

붉은전선의 약 **70%**가 **비당원**이고 **90% 이상**이 **노동 계급**이었다. 이 단체는 군대처럼 분대 단위로 조직되었다. 분대원 8명을 당원인 **분대장**이 이끌었다. 부대들이 지역장을 뽑았고, 지역장은 전국 **책임자**를 선출했다.

1925년에는 여성 조직인 '**붉은부녀동맹**'이 결성되었다. 붉은전선의 조직원이 체포당하면 '**붉은도움**'이라는 단체가 **법률 지원**을 했다. 조직원이 감옥에 가 일하지 못하는 동안 그 **가족**을 제한적이나마 **경제 지원**하기도 했다.

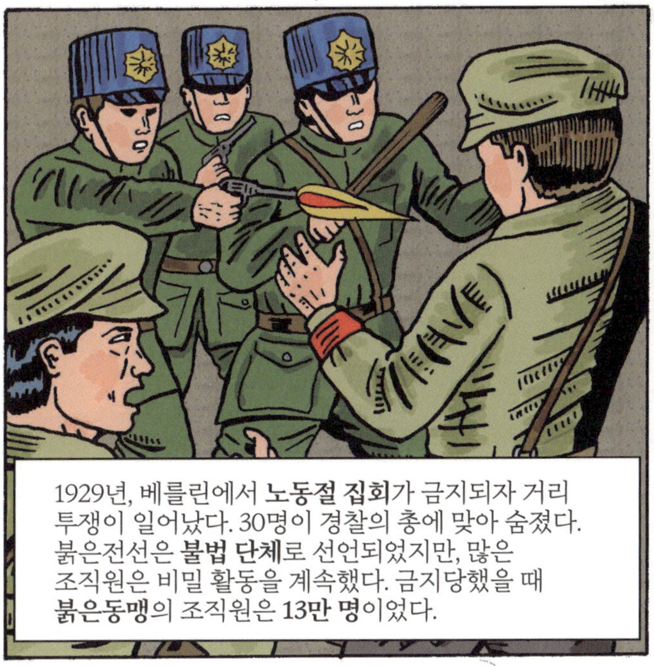

1929년, 베를린에서 **노동절 집회**가 금지되자 거리 투쟁이 일어났다. 30명이 경찰의 총에 맞아 숨졌다. 붉은전선은 불법 단체로 선언되었지만, 많은 조직원은 비밀 활동을 계속했다. 금지당했을 때 **붉은동맹**의 조직원은 **13만 명**이었다.

1932년 공산당은 **안티-파시스트행동**을 시작했다. **좌파 통일 전선**을 결성해 나치당에 맞서기 위해서였다.

*검정-빨강-금색 깃발은 바이마르 공화국의 국기였다. 극우파는 바이마르 공화국을 인정하지 않고 옛 제국 국기였던 검정-하양-빨강 깃발을 사용했다.

흑·적·금국기단 (라이히스바너 슈바르츠·로트·골트)*

1924년, 사민당과 두 중도 정당은 흑적금 국기단(검정·빨강·금색국기단)이라는 준군사조직을 결성했다. 이 단체의 주된 목표는 바이마르 공화국을 지켜내는 것이었다. 극우로부터도 혁명 좌파로부터도 말이다.

1930년, 국기단의 맹원은 **25만 명**이었다. 나치에 맞서 공화국을 지키겠다고는 했지만, 국기단은 전투를 할 만한 **무장도 훈련도 갖추지 못했다**. 사민당은 국기단의 활동을 엄격히 **제한했다**.

1931년, 국기단과 독일 노총 그리고 여러 조직이 '철의전선'을 결성했다. **무장 대형**을 갖춘 안티-파시스트 방어 조직이었다. 그런데 이번에도 사민당은 **합법 투쟁**에만 고집스럽게 매달렸다.

철의전선은 **세 개의 화살**을 심벌로 사용했다. 러시아의 과학자이자 활동가인 **세르게이 차코틴**이 로고를 만들었다. 나치의 슈바스티카를 쉽게 덮어버릴 수 있는 디자인이었다.

1933년 3월, 히틀러는 국기단도 철의전선도 **금지**했다. 많은 조직원이 **체포**되었고 최초의 **강제 수용소**에 보내졌다. 그런데도 무장 병력은 동원되지 않았다. 많은 조직원이 행동을 **취할 채비**를 갖추었는데도 말이다. 몇몇은 비밀리에 조직을 유지했으나 **활동다운 활동**은 할 수 없었다.

1933년 4월부터 **유대인과 비非아리아인**을 차별하는 법률이 줄줄이 통과되었다. **법조계를 비롯한 모든 공직**에서 이들은 쫓겨났다.

히틀러는 유대인의 사업에 대해 **국가적인 보이콧**을 선언했다. 유대인을 공격하는 일이 확 늘었다.

7월에는 법률로 **시민권을 박탈**했다. 유대인 수만 명과 다른 "**바람직하지 못한 사람들**"이 독일 시민권을 빼앗겼다.

GERMAN! 독일이여! 스스로를 지키라!
DEFEND YOURSELF!
DON'T BUY FROM 유대인에게서 물건을 사지 말라!
THE JEW!

권력을 잡았으면서도 나치는 여전히 여러 파벌의 **이해관계를 조율**해야 했다. 예컨대 군부는 **갈색셔츠단을 라이벌**로 여겼다. 한편 지배층 엘리트는 **자본주의를 비난**하는 갈색셔츠단 일부의 레토릭에 신경을 곤두세웠다.

히틀러 자신도 몇몇 돌격대 지도자를 자기한테 도전할 수 있는 **정치적 경쟁자**로 여겼다. 이런 사연으로 '**긴 칼의 밤**' 사건이 일어났다. **갈색셔츠단을 피로 숙청**했다. 1934년 6월 30일부터 7월 2일 사이에 갈색셔츠단의 고위급 지휘관 다수가 죽임을 당했다. **에른스트 룀**도 이때 죽었다.

유대인을 탄압하는 법들이 1935년 **뉘른베르크법**으로 이어졌다. 모든 유대인이 시민권과 재산을 잃었다. 유대인과 유대인 아닌 사람이 결혼하는 일도 **불법**이 되었다.

1935년에는 **누범자에 대한 법안**을 만들었다. 누범자는 **불임 수술**을 당했다. 이 법은 또한 '**사회적 부적응자**'를 가두는 일에 악용되었다. 걸인, 매춘부, 알코올 중독자, 동성애자, 마약 중독자, 노숙자, 로마니 사람* 등을 **강제 수용소**에 가두었다.

*로마니 사람 또는 로마인은 서아시아와 유럽에 사는 유랑 민족이다. 한때 집시라고 불렸으나, 집시라는 표현이 인종차별이라 요즘은 사용하지 않는다.

**1938년 11월의 폭동은 깨진 유리 조각이 수정같이 반짝거린다고 해서 '수정의 밤(크리스탈나흐트)'이라는 별명을 얻었다.

1938년 11월 9일, 반유대주의 폭동이 독일 전역에 일어났다. '깨진 유리의 밤'(수정의 밤)**이라 불리는 사건이었다.

유대인의 집과 학교, 병원, 사업체, 유대교회당 등 **수천 채**가 파괴되었다. 1000채가 넘는 **유대교회당**이 불탔다. 유대인 수백 명이 그날 밤 죽임당하거나 그때 입은 상처로 숨졌다.

나치는 11월 7일 나치 외교관 **에른스트 폼 라트**가 파리에서 **암살**당한 일을 **구실**로 삼았다.

헤르셸 그륀스판이라는 열일곱 살 난 유대계 폴란드-독일인이 범인이었다. 독일에 살던 그 가족이 폴란드로 **추방**당했고, 그륀스판은 **항의의 뜻**으로 나치 관료를 죽였다.

이런 법과 정책은 나치의 신념 때문에 만들어졌다. '아리아'족인 독일 민족이 **인종적**으로나 **유전적**으로나 **우월**하며, 그래서 **인종 정화**가 필요하다는 것이었다.

또 나치는 **레벤스라움**(Lebensraum, '생존 공간')이 필요하다고 믿었다. 다른 나라를 쳐들어가 **자원**과 **영토**를 빼앗아야 한다는 것이다.

나치가 노리는 곳은 **동유럽** 땅이었다. 독일 사람들이 이곳을 **식민지**로 만들 수 있다고 보았다. 이 지역에 살던 슬라브 사람들은 "**인간 이하**"이며 **절멸 대상**이라고 여겼다.

동유럽 침공을 꿈꾸며 독일은 **재무장**을 시작했다. 1930년대 내내 **군사력**을 증강했다.

1930년대 말, 독일은 **전쟁**을 일으키겠다며 땅을 내놓으라고 **위협**했다. **오스트리아와 체코슬로바키아**를 1938년과 39년에 이렇게 장악했다. 1939년 8월에 히틀러는 소련과 **불가침 조약**을 맺었다. 공산주의라면 질색하면서도 그랬다. 다음 달, 독일은 폴란드를 쳐들어갔다. **2차 세계대전**의 시작이었다.

생존 공간을 확보한다며 나치는 침공 직후 수만 명의 폴란드인을 **강제로 이주**시켰다. 폴란드인은 열등한 **종족**이라고 보았기 때문에 많은 수가 강제 수용소에 수감되어 IG 파르벤과 **지멘스** 같은 회사를 위해 **노예 노동**을 했다.

처음에 나치는 폴란드에 살던 유대인들을 **강제로** 모아 도시의 **게토**에 집어넣었다. 그런데 게토를 유지하는 일은 **어려웠다**. 그러자 유대인들을 강제 수용소에 보냈다. 여기서는 유대인들이 **대량 학살**당하고 있었다. 1940년에 시작된 일이다.

1940년 여름까지 나치는 서유럽 땅 대부분을 장악했다. **전격전**(블리츠크리크) 덕분이었다. **무장 대형**이 빠르게 진격해 적의 방어를 **우회하고 적을 포위하는** 작전이었다.

독일 군인은 진격하며 연거푸 싸워야 했다. **메스암페타민***을 **복용**하고 전격전을 밀어붙였다. 약 이름은 **페르비틴**이고 병사들에게 널리 공급되었다.

1941년 6월, 히틀러는 **소련 침공**을 명령했다. 독일군은 빠르게 진격했지만 깊숙이 들어갈수록 **보급선**은 공격에 노출되었다. 빠르게 이길 거라고 자신만만했던 탓에, 그들은 **러시아의 겨울**에 제대로 대비하지 않았다. 겨울이 되자 진격은 느려졌다.

싸움이 주춤하자 소련의 군대는 숨을 돌렸다. 1942년 8월, **스탈린그라드 전투**가 시작되었다. 6개월 동안 무섭게 싸웠다. 소비에트는 결정적으로 승리했고 **독일 6군**은 **파멸**했다. **연합국**도, 유럽 각지의 **빨치산 군대**도, 나치의 패배를 눈여겨보았다.

*메스암페타민은 각성제다. 흔히 필로폰으로 불리는 마약과 같은 종류다.

나치의 강제 수용소

전쟁 기간에 나치가 점령한 유럽 땅에서 1,200개가 넘는 **강제 수용소**가 운영되었다.

수감자 **수백만 명**은 유대인, 슬라브 사람, 소련 사람, 로마니 사람, 공산주의자, 동성애자 등 새로운 제국에 '**부적합하다**'고 판단된 사람들이었다. **노예처럼** 노동하고 고문당하고 굶주리고 죽임당했다.

공장 곁에, 탄광 옆에, 건설 현장 가까이에 많은 **보조 수용소**를 세웠다.

수감자들은 **야만적인 조건**에서 노동했고 많은 수가 **죽었다**. 더 일할 수 없게 되면 **죽임당했다**.

독일 사람들이 소련에 쳐들어갔을 때 SS의 **아인자츠그루펜**(특무대)이 뒤를 따라갔다. 그들의 유일한 목적은 민간인을 **대량 학살**하는 일이었다.

아인자츠그루펜이 죽인 사람은 200만이 넘는다. 120만 명은 **유대인**이었다.

독일 경찰이 이들을 도왔다. **나치에 부역하는** 그 지역 **외인부대**도 도왔다.

절멸 수용소라는 곳도 있었다. 그 유일한 목적은 수감자를 **대량 학살**하는 것이었다. 아우슈비츠, 베우제츠, 헤움노, 마이다네크, 트레블링카 수용소가 이런 곳이었다.

절멸 수용소는 **철도**를 따라 **큰 도시들** 곁에 세워졌다. 나치는 **유럽 점령지**에서 수감자를 **열차**로 실어 날랐다.

많은 사람이 오는 길에 **죽었다**. 객차에 욱여넣었기 때문이다. 도착하면, 차에서 내려 **이를 잡고 샤워를 하라**는 말을 들었다. 그런 다음에 노동 수용소에 보낸다고 했다.

샤워실에 들어서면 문이 잠겼다. **치클론B**[*]나 **일산화탄소**가 주입되었다. 많은 사람이 죽임당했다. 시신은 들어내 **소각로**에 태우거나 **큰 무덤**에 묻었다.

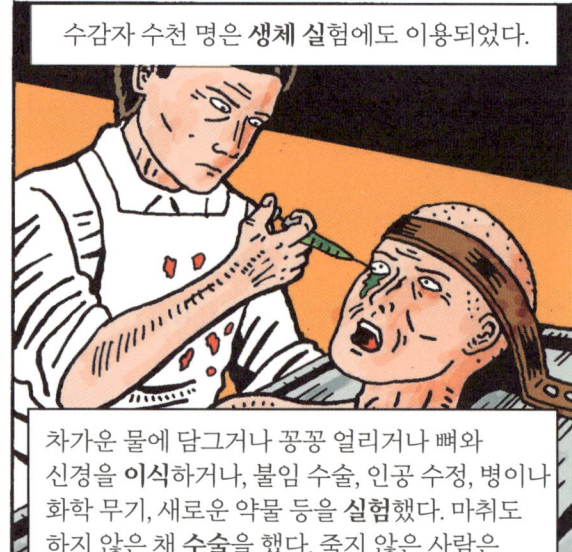

수감자 수천 명은 **생체 실험**에도 이용되었다.

차가운 물에 담그거나 꽁꽁 얼리거나 뼈와 신경을 **이식**하거나, 불임 수술, 인공 수정, 병이나 화학 무기, 새로운 약물 등을 **실험**했다. 마취도 하지 않은 채 **수술**을 했다. 죽지 않은 사람은 **장애**를 얻었다.

1천5백만 명에서 2천만 명은 되는 사람이 나치의 공공연한 **제노사이드** 정책 때문에 죽었다. 유대인을 학살하는 '**최종 해결**'도, 슬라브 땅을 노린 **생존 공간**의 식민화도 여기 포함된다.

600만 명의 유대인, **300만 명의 소련군 포로**, **200만 명의 폴란드 사람**이 죽었다. **러시아 사람**과 **우크라이나 사람**과 **벨라루스 사람**이 또 수백만 명 죽었다.

*치클론B는 청산가스가 주성분인 독가스다.

유럽의 반유대주의

나치는 **반유대주의**를 이데올로기의 근거로 삼았다. 오늘날 파시스트 운동도 그러하다. 이들 모두 **음모론**에 근거한다.

유럽 반유대주의의 역사는 길다. 1095년의 **십자군**까지 거슬러 올라간다. 라인 강과 도나우 강 곁에 살던 여러 유대인 공동체가 **학살**을 당했다.

이전 여러 세기 동안, 반유대주의는 **기독교** 교회를 통해 **제도화**되었다. 교회는 유대인들이 예수 그리스도의 죽음에 **연대 책임**을 져야 한다고 주장했다. 근거 없는 비난이 유대인에게 쏟아졌다. **유대인은 악마**라는 소리를 때때로 듣기도 했다. 기독교 어린이를 산 제물로 바친다는 따위의 **헛소문**에 시달렸다.

재앙이 일어날 때면 유대인들이 **희생양**으로 쓰였다. 1300년대 중반에는 유럽 전역에서 많은 **유대인 공동체**가 파괴되었다. 그들이 **페스트**의 원인으로 지목되었기 때문이다.

19세기 후반, 유럽 반유대주의의 뒷배는 **백인 우월주의**의 **인종주의** 신념이었다. 유대인은 (다른 종족과 마찬가지로) **열등한 종족**이라는 주장이었다.

교회에 따르면 **대부업**은 **죄악**이었기 때문에, **은행업**과 **상업**에 종사하는 것은 유대인이었다. 때로 그들은 귀족 가문과 왕국의 **중요한 재산 관리인**이기도 했다. 반면 유대인은 **반유대주의 폭동** 앞에 **취약했다**. 17세기 동안에 수만 명의 유대인이 폴란드와 우크라이나와 러시아에서 **학살당했다**.

1903년, 『**시온 장로 의정서**』라는 책이 출판되었다. 러시아 차르 정부의 경찰이 날조한 **위서**였다. 이 책 때문에, 유대인은 **세계 지배의 음모**를 꾸미는 사람들이자 '**백인 종족**'을 파괴하려는 이들로 찍혀버렸다. 이 위서는 **여러 나라 말로 번역**되어 유럽 곳곳에 퍼졌다. 오늘날에는 세계에 퍼져 있다. 반유대주의로 악명 높은 **헨리 포드**는 1920년대에 이 책을 **50만 부**나 찍어 미국에 뿌리기도 했다.

나치 독일 치하의 안티-파시스트 저항 운동

1933년에 나치 집권 후, 독일의 **안티-파시스트** 저항 운동은 무너졌지만...

그래도 **낮은 수준의 저항** 활동은 2차 세계대전이 끝날 때까지 명맥을 이어갔다. 친구들끼리, 공산주의자끼리, 심지어 독일군 장교끼리 **네트워크**를 꾸렸다.

유럽연합 같은 조직은 나치에 맞서 **선전 활동**을 하고 유대인과 난민들이 달아나도록 **도왔다**.

공산주의자들의 세포 조직은 공장을 조직화했다. 선전 활동과 **사보타주**를 했다. 공산주의자들이 수백 명의 사람을 하나의 **네트워크**로 꾸렸다.

에델바이스해적단은 나치에 반대하는 젊은이들의 조직이었다. **선전 활동**을 하고 탈영병과 탈출한 수감자를 도왔다. 히틀러소년단을 **습격**하고 **사보타주**를 했다.

조직은 **나바호랄지 키텔바흐해적단**이랄지 각기 다른 이름으로 활동했다. 나치의 일체화 정책에 저항하는 젊은이들의 **서브 컬처**이기도 했다. 주요 슬로건 가운데 하나는 '**히틀러소년단에게 영원한 전쟁을**'이었다.

백장미단도 잘 알려진 조직이다. **뮌헨**의 **학생들**과 한 대학교수가 만들었다.

동부전선에서 복무하다가 **잔혹 행위**에 넌더리가 난 젊은이들도 참여했다. 조직은 1942년과 43년에 나치에 맞서 **리플렛**을 만들고 **그라피티**를 했다.

많은 조직이 나치의 비밀경찰 **게슈타포**에 **발각되었다**. 체포되고 고문받고 **처형당했다**.

백장미단의 지도자들도, **에델바이스해적단**의 지도자들도 목숨을 잃었다. 게슈타포의 수사는 대개 **밀고자** 때문이었는데...

1944년 7월, 독일의 **고위 장교**들이 폭탄으로 히틀러를 **암살**하려고 했으나 실패했다. **발키리 작전**이다.

약 **7천 명**의 사람이 수사 과정에서 체포됐다. 그 가운데 **5천 명** 가까이 **처형당했다**.

에델바이스해적단의 노래

히틀러의 군대 때문에
우리는 초라하다.

우리는 사슬에 매여 있다.
그러나 어느 날 우리는 자유를
찾으리.
사슬을 끊을 때가 다가온다.
우리의 주먹은 단단하다.
우리의 칼은 준비되어 있다.
젊은이들의 자유를 위해,
나바호는 싸운다.

폴란드를 침공한 후, 이곳 30만의 유대인이 가장 짐승 같은 방법으로 죽임을 당했다... 독일 민족은 어리석은 잠에 빠졌다. 파시스트들이 범죄를 저지르는데도, 개인은 죄를 벗기를 바란다. 그저 평온하고 고요한 양심의 길을 간다. 그러나 개인은 죄를 벗지 못할 것이다. 그는 유죄다, 유죄다, 유죄다!

— 백장미단의 두 번째 리플렛

어째서 그대는 내버려두는가? 권좌에 앉은 사람들이 앞에서나 뒤에서나 그대의 권리를 하나둘씩 망가뜨리는 것을. 마침내 모든 것이 사라지고 범죄자와 주정뱅이가 운영하는 국가 체제만이 남을 터인데? 그대의 영혼은 이미 파괴되었는가, 그래서 그대는 이러한 체제를 무너뜨리는 것이 그대의 권리이자 나아가 도덕적 의무라는 사실을 잊고 말았는가?

— 백장미단의 세 번째 리플렛

THE PARTISANS

빨치산: 나치가 점령한 유럽에서 벌어진 안티-파시스트 게릴라 전쟁

유럽의 **나치 점령지**에서 저항 운동이 일어났다. **지하**에서 다양한 활동을 했다. **선전 활동**을 하고 **연합군 공작원**을 도왔으며, **정보**를 모았고, **유대인 탈출**을 도왔고, **사보타주**를 했고, **게릴라 전쟁**을 치렀다.

프랑스와 그리스, 이탈리아, 폴란드, 소련과 유고슬라비아의 저항 운동이 유명하다.

폴란드의 저항 운동은 가장 큰 조직 중 하나였다. **사보타주**를 했고 **게릴라 전쟁**을 치렀다. 독일군을 상대로 **습격**과 **매복**을 했다. 그리고 연합군에게 중요한 **정보**를 제공했다.

그들의 중요한 기여는 동부전선으로 가는 **독일군의 보급**을 **방해**한 일이다. 유대인들이 탈출하는 일도 도왔다. 폴란드 빨치산은 다른 어느 연합군 조직과 정부보다도 **유대인 목숨**을 많이 **살렸다**. 반면 일부 폴란드 빨치산 그룹은 **반유대주의 폭동**을 일으키고 마을을 불태우기도 했다.

최초의 지하 조직은 **폴란드비밀군**(TAP)이었다. 1939년 11월에 결성되었다. 1940년까지 비밀군의 병력은 8천 명에 달했다. 나중에 이들은 **폴란드국내군**(아르먀크라요바, 1942년 결성된 **게릴라 연합군**)이 되었다.

국내군은 저항 조직 중 몸집이 가장 컸다. 결성될 때 병력은 **10만 명**이었고 1943년 초까지 약 **20만 명**으로 늘었다. 1944년 여름에는 **30만에서 50만** 전사에 이르렀던 것으로 추정된다.

국내군 최대 그룹은 **농민대대**였다. 좌파 그룹이었고 **16만 명**의 전사가 있었다.

폴란드 저항군은 **수천 건의 습격**을 치렀다. 철도와 통신과 보급선과 산업에 수만 건의 **사보타주**를 했다. 독일군과 숱한 **전투**를 했고 게슈타포 상급자와 SS 장교들을 **암살**했다.

일부 빨치산 그룹이 **반유대주의**에 기울었기 때문에 유대인들도 독자적인 **게릴라 군대**를 만들어야 했다. **유대인 학살**이 기승을 부리기 시작한 1943년 이후에 특히 그랬는데…

1943년 4월과 5월, **바르샤바 게토**에서 **봉기**가 일어났다. 나치가 마지막으로 남아 있던 유대인들을 **트레블링카 절멸 수용소**로 옮기기 시작할 무렵이었다. 바르샤바 게토는 1939년에 세워진 곳이다.

바르샤바 게토는 게토 중에서도 컸다. **유대인이 40만 명**에 이르렀다. 그런데 1942년 여름 25만에서 30만 명이 죽임을 당했다. 나치가 **절멸 작전**을 수행하던 때였다.

봉기는 1943년 4월 19일에 일어났다. 서로 다른 두 조직에서 **1천 명 가까운 빨치산**이 참여했다. 좌파 유대인 **전투조직**과 **우파 유대인군사연합**에서 온 빨치산이었다. 그런데 그들은 독일군보다 무장이 빈약했다. 독일군은 게토를 한 블록씩 불태우며 들어왔다. 5월 16일, 봉기는 패배했다. 유대인 **1만 5천 명**이 죽임을 당했다. 독일군은 300명이 죽었다. 남은 유대인 5만 명은 붙잡혀 트레블링카로 이송되었다. 폴란드에서 학살당한 유대인은 다하여 300만이다.

1944년 초, 국내군은 **폭풍 작전**을 시작한다. 봉기의 목적은 독일로부터 폴란드를 **해방**하고, 또 소련군의 **점령**으로부터 폴란드를 지키려는 것이었다.

봉기가 일어나고 **수만 명의 전사**가 큰 전투에 참여했다. 63일 동안 싸운 끝에, 국내군은 거의 무너져버렸다. 독일군은 **야만적인 보복**을 했다. 폭풍 작전 때 국내군이 겪은 큰 피해 때문에 소련군은 거의 무장 저항을 받지 않고도 폴란드를 장악할 수 있었다.

유고슬라비아 빨치산은 가장 규모가 크고 가장 성공적인 운동이었다. **유고슬라비아공산당**이 **국민해방군**을 조직하고 이끌었다. 사령관은 요시프 브로즈 티토 원수였다.

유고슬라비아에는 **세르비아** 사람, **크로아티아** 사람, **슬로베니아** 사람이 살았다. 1941년 4월 독일군, 이탈리아군, 헝가리군, 불가리아군이 쳐들어왔다. 열흘 만에 유고슬라비아 군대는 **항복을 했다**. 추축국 군대는 자기들끼리 이 나라를 **분할**했다. 사람들을 가혹하게 다스렸다. 그래서 많은 사람이 **저항 운동**에 뛰어들었다.

1941년 7월, 공산당은 빨치산 작전을 시작했다. 1942년 12월까지 **23만 6천 명**이 전사가 되었다. **게릴라 전쟁**을 벌여 추축국이 다스리던 지역을 더 많이 **해방**했다. **에스파냐 내전** 때 활약하던 전사들이 빨치산에 들어와 크게 활약했다.

연합군은 거의 도와주지도 않았다. 빨치산은 옛날 유고슬라비아 군대나 죽은 추축국 군인으로부터 **무기**를 얻었다. **지하 공장**에서 작은 무기를 만들기도 했다.

빨치산만이 **민족**에 기대지 않은 유일한 저항 세력이었다. 그래서 전국에 걸쳐 **지원**을 받았다. **여성 10만 명**도 빨치산에 참여했다.

한편 빨치산은 **극우 무장단체**와도 겨뤄야 했다. **체트니크**는 세르비아 민족주의자들이었고 **우스타셰**는 대개 가톨릭 크로아티아의 파시스트 운동이었다.

우스타셰는 꼭두각시 **국가**를 세웠다. **나치의 괴뢰국**인 크로아티아 독립국이었다.

1943년, 나치는 무장 친위대인 **제13산악사단**을 꾸렸다. 빨치산에 맞설 다민족 조직이었다. **보스니아의 무슬림**이 주축으로 1만 7천 병력이었다. 군대를 모으기 위해 나치는 예루살렘의 무프티*인 **무함마드 아민 알 후세이니**를 끌어들였다. **반유대주의** 신념 때문에 나치에 **부역**하던 사람이었다.

1944년 말까지 빨치산은 대규모 **소탕 작전**을 여러 차례 겪어냈다. 이때 빨치산 병력은 **80만**이 넘었다.

이때부터 **연합군**과 **소련군**한테 조금이나마 **지원**을 받기 시작했다.

유고슬라비아 빨치산은 독일군을 몰아냈다. 1945년 이후로 외국군이 발을 들여놓지 못한 유일한 유럽의 **독립국**이 되었다. 외교할 때 소련과 맞먹을 정도였다.

*무프티(mufti)는 이슬람교의 학자로서 샤리아의 해설자이자 통역자이다.

나치 독일의 패망

1942년 이후로 나치는 기울었다. 1943년에 큰 전투들에서 **패했고**, 1944년에는 대규모로 **폭격**을 당했다. **추축국**은 남유럽과 동유럽에서 밀려났다. **연합군**과 **소련**이 퍼붓는 공격 말고도 유럽의 나치 점령지 전역에서 추축국은 강력한 **게릴라 전쟁**에 맞닥뜨렸다.

1945년 봄까지 **연합군**은 독일을 **남쪽**에서 밀어붙였다. 프랑스를 거쳐 독일 **서쪽** 땅에 들어갔다. 그때 **소련군**은 독일 **동쪽** 땅을 쳤다.

소련군이 **베를린**을 향해 **진격**할 때 히틀러는 겁을 먹고 벙커에 틀어박혔다. 아편 같은 다양한 **마약**에 **중독**되어 금단 현상을 겪고 있었다.

1945년 4월 30일은 히틀러가 **자살**한 날이다. 청산가리 알약을 삼키고 권총으로 머리를 쐈다. **5월 9일**, 독일이 **항복**했다. 나치당도, 유럽을 괴롭힌 공포정치도 끝이 났다. 전쟁으로 목숨을 잃은 사람이 약 **5천만 명**이다.

THE SPANISH CIVIL WAR

에스파냐 내전, 아나키스트 혁명과 안티-파시스트 저항 운동 1936~1939

파시즘이 마드리드를 차지하려 한다
마드리드는 파시즘의 무덤이 될 것이다

¡NO PASARAN!
EL FASCISMO QUIERE CONQUISTAR MADRID
MADRID SERA LA TUMBA DEL FASCISMO

에스파냐는 1936~39년에 내전을 치렀다. 좌파인 **공화국 군대**와 우익 **국가주의자**들이 싸웠다. 국가주의자들이 공화국을 **군사 쿠데타**로 뒤엎으려 했기 때문이다.

국가주의자 쪽에 왕당파, 귀족파, 가톨릭교회, 팔랑헤당이 붙었다. **프란시스코 프랑코** 장군의 명령에 따라 움직였다. 공화파 쪽에는 사회주의자, 자유주의자, 공산주의자, 아나키스트가 있었다.

팔랑헤당은 파시즘 세력이었다. 강한 **가톨릭교회**와 **독재 정치**를 바랐다. **에스파냐 제국**을 부활시키려 했다.

몇 년의 **군부 통치**를 겪은 후, **민중의 압력**을 받아 에스파냐 국왕은 1931년에 선거를 치렀다. **사회주의자와 리버럴 공화파**가 거의 모든 주에서 승리했다. 새로운 공화국이 선포되었다.

공화국은 폭넓은 **지지**를 받았지만, 우익인 왕당파와 가톨릭 세력은 공화국을 미워했다. 국가주의자와 파시스트들도 마찬가지였다. 한편 공화국은 노동자에 대해 **억압적인 정책**을 취해 많은 **아나키스트**도 따돌렸다. 이러다 보니 정치 상황이 불안했다. 우익 장교들이 **1936년 7월 쿠데타**를 일으켰다.

*"못 지나간다!"(¡No pasarán!)는 적에 맞서 방어 위치를 고수하기 위한 구호로 1차 세계대전 때 프랑스군이 처음 사용하기 시작했다. 이후 에스파냐 내전에서 공화파 측의 구호로 유명해졌다.

그런데 국가주의자의 쿠데타는 **실패했다**. 나라의 절반 이상이 **공화파**의 손에 남아 있었다. 쿠데타가 실패한 것은 나라 전역에서 **아나키스트**와 **좌파**가 **일시**에 들고일어난 까닭이 컸다. **무장단체**를 동원해 국가주의자들에게 반격한 것이다.

한편 이 전쟁은 민주주의 세력 대 파시즘의 **국제전**이기도 했다. **나치 독일**과 **파시즘 이탈리아**가 발 벗고 나서 국가주의자를 도왔다. 군과 **장비**와 **무기**를 보냈다.

독일은 **병력 1만 9천 명과 수백 대의 탱크와 비행기**를 콘도르 군단*의 일부로 보내주었다. 한편 독일은 에스파냐 내전을 급강하 폭격기 슈투카 같은 자기네 새 **공군력과 전술**의 시험장으로 삼았다.

1937년 4월 26일, 독일과 이탈리아의 비행기들이 **바스크 지방**의 도시 게르니카를 폭격했다. 민간인 수백 명이 죽고 도시 대부분이 **파괴**되었다. 독일 공군이 **미래 전쟁**을 위해 **융단 폭격**이라는 전술을 실험했다는 것이 나중에 밝혀졌다.

이탈리아의 **무솔리니**는 9만 병력과 **수백 대의 탱크와 비행기**, 그리고 기타 무기류를 보낼 것이었다. 이탈리아는 국가주의자들에게 소총 25만 정, 기관총 1만 정, 대포 800문을 지원했다.

포르투갈 독재자 살라자르는 **병력 2만**을 보내고, **보급품 수송**을 도왔다. 전쟁 초기, 국가주의자들이 항구에 접근하지 못해 탄약이 떨어질 뻔하던 때에 말이다.

*콘도르 군단은 에스파냐 내전에 참전한 독일의 군인들이다.

파시스트 체제는 국가주의자들을 지원했다. **소련**은 공화파에게 **별것 아닌 지원**만 보냈다. **서방 열강들**은 개입하지 **않았다**.

"스탈린 동무의 선물이올시다!"

소련의 도움이란 **고문관** 2, 3천 명, 항공기 수백 대, 전차 300대 남짓, **대포 2천 문** 정도였다. 그런데 대부분의 대포는 쓸모없는 **구식**이었다. 물자를 배로 실어 나르는 일에도 일관성이 없었다.

1936년 말까지 **세계 곳곳의 자원병**이 공화파 군대에 모여들었다.

국제여단에 자원한 전사가 모두 **4만 명**이 넘었다. 전쟁 동안 **50개 나라**에서 모여들었다.

이웃한 **프랑스**에서 자원병 1만 명, **이탈리아**에서는 약 4천 명이었다.

독일에서는 약 1,500명이 왔다. 1933년이 되기 전 여러 해 동안 **나치와 싸우던 사람들**이었다. 이들은 **텔만 대대**를 구성했다. 1천 명 넘는 사람이 캐나다에서 왔고(**매킨지파피노 대대**), 미국에서도 1천 명이 왔다(**에이브러험링컨 대대**).

1937년 내내, **파시스트 병력**의 도움을 받아 **국가주의자들**이 진격했다.

그들은 **마드리드**를 점령하지 못하고 **과달라하라 전투**에서는 크게 패했지만, 그래도 그해 말까지 에스파냐 **북부 지역** 대부분을 손에 넣었다.

북부 땅 **카탈루냐주**와 그 주도 **바르셀로나**는 국가주의자가 손에 넣지 못했다. 이곳은 **아나키스트**가 장악하고 있었다. 전쟁이 터지자 아나키스트들은 **혁명**을 일으켰다. 노동자들이 **공장**과 **서비스**와 **토지**를 손에 넣었다. 2백만 명이 사는 지역이었다. 카탈루냐에서 작업장의 75%를 노동자가 관리했다.

공장은 **노동자들의 위원회**가 운영했다. 농업 생산은 **집산화**되어 **절대자유주의 코뮌***으로 유지되었다. 집산화된 지역에서는 공업 생산과 농업 생산이 **두 배**가 되었다.

카탈루냐는 또한 **아나르코 생디칼리즘** 조직인 **전국노동연합(CNT)**의 근거지이기도 했다. 이 조직은 1936년에 조합원이 **50만 명**이었다.

혁명 때문에 **여성이 힘을 얻었다**. 여성은 전사가 되겠다고 스스로 결정했다. **여성 아나키스트**들은 1936년 '**자유여성**'이라는 단체를 결성했다. 조직은 빠르게 성장해 곧 **3만 명**을 헤아렸다.

이 조직은 사회와 작업장, 그리고 아나키즘 운동에서 **여성의 투쟁**에 초점을 맞췄다. 노동자를 **훈련**하고 여성을 **교육**했다. 총기 훈련도 했다.

여성 수천 명이 국가주의자 반군에 맞선 무장단체에 합류했다. 대부분 **아나키스트**거나 **공산주의자**였다. 이들은 **밀리시아나스**(Milicianas, **여성 전사**)라고 불렸다.

여성만 있는 조직도 더러 있었다. 공산당이 결성한 **여성 대대**가 그 예다.

*절대자유주의 운동(The Libertarian Movement)은 공화 진영을 지지한 아나키스트 세력이다.

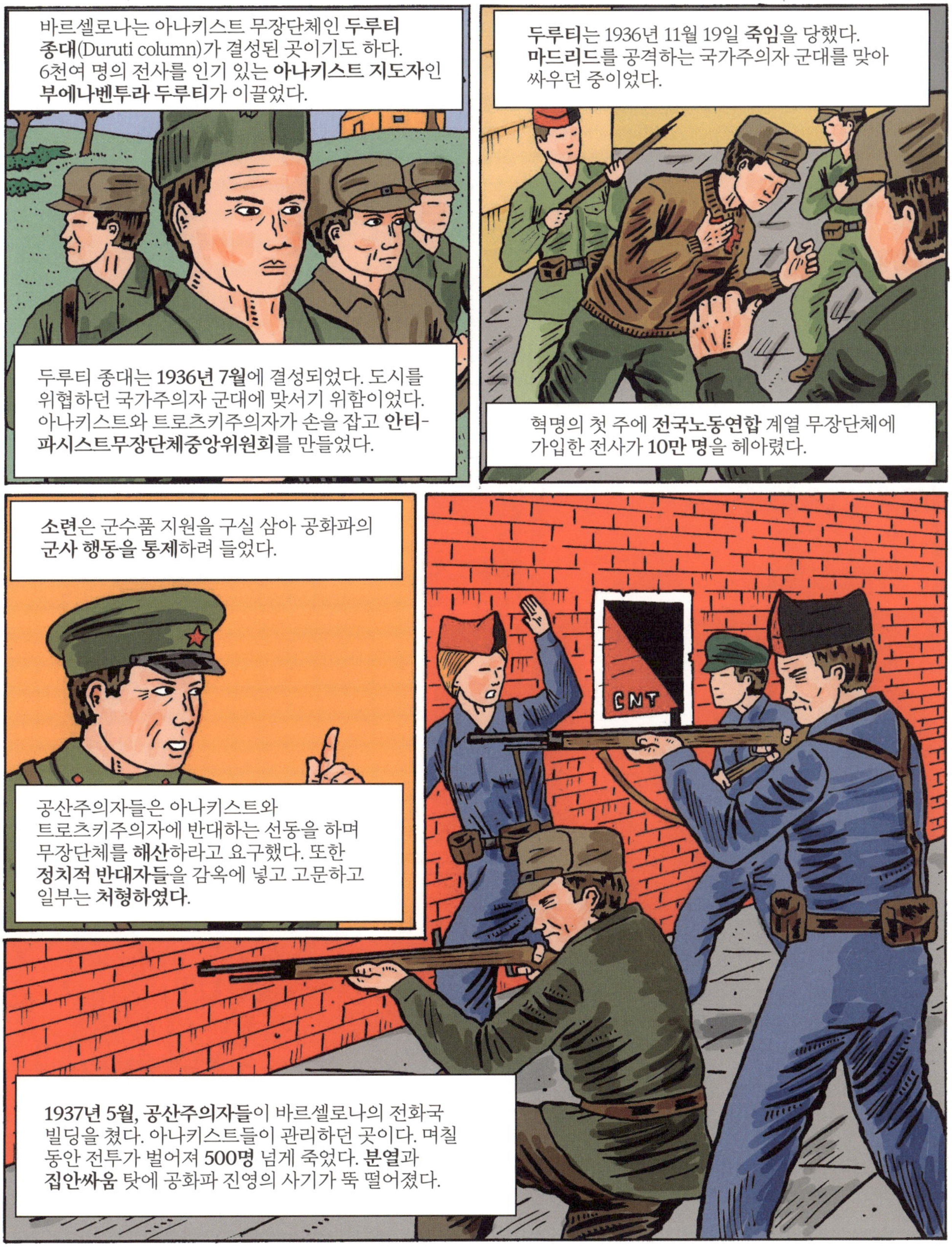

1938년 내내, **국가주의자**는 계속 **전진**했다. 공화파는 더 많은 땅을 잃었다. 1939년 4월, 국가주의자들은 에스파냐를 모조리 **점령**했다. **프랑코 체제**가 시작되었다.

전쟁 동안에 **백만 명**이 숨졌다. 전쟁이 끝난 후 **5만 명**이 처형당했다. 프랑코가 세운 강제 수용소에서 수만 명이 더 목숨을 잃었다. **강제 수용소**는 국가주의자 점령 지역에서 1936년에 처음 설립되었고 1947년까지 운영되었다.

국가주의자 군대가 다가오자, **공화파 병사**와 **시민 수만 명**이 국경을 넘어 **프랑스**로 갔다. 1940년 5월 독일이 프랑스를 침공하자, 에스파냐 병사 수천 명은 **안티-파시스트 게릴라** 조직을 결성했다.

에스파냐 사람들의 **지하 조직**은 프랑스 남부 땅에서 독일 군대에 광범위한 공격을 가했다. 철도에 **사보타주**를 했고 독일 장교를 **암살**했다. 마을 전체를 **해방**하기도 했다. 전쟁이 끝날 무렵, 그들은 독일군을 지역 밖으로 밀어냈다.

1944년 10월, 수천 명의 에스파냐 지하 조직이 에스파냐로 건너가 몇몇 마을을 장악했다. 프랑코에 반대하는 봉기가 일어나면, **공화국**을 다시 세우는 일에 연합군이 말려들 거라는 계산이었다.

그러나 프랑코는 **대규모 병력**을 보내 게릴라를 프랑스로 되밀어냈다. **게릴라 조직**은 1952년 무렵까지 에스파냐 안에서 작전을 수행했다.

프랑코는 **1975년** 죽는 날까지 에스파냐를 통치했다. 2차 세계대전 후 유럽에서 **가장 긴 군사 독재 정권**이었다.

영국의 검은셔츠단과 케이블 거리 전투

이탈리아와 독일에서 파시스트가 승승장구하는 것에 자극받아, 1932년에 **영국파시스트연합**(BUF)이 설립됐다. 창설자 **오스왈드 모슬리**는 예전에 노동당 소속 의원이었다.

영국파시스트연합은 시작할 때부터 크게 지지받았다. **귀족과 산업가들**, 그리고 **의회 의원들**이 가입했다. 조직원은 곧 5만을 헤아렸다. 영국파시스트연합은 이탈리아처럼 **검은 셔츠 제복**을 입고 공공 회의와 **집회**를 하기 시작했다.

의미 있는 최초의 **안티-파시스트 저항** 운동이 1933년 9월에 있었다. 영국파시스트연합 조직원 수백 명이 잉글랜드 북동부의 **스톡턴**에서 **행진**을 하려던 참이었다.

약 **2천 명의 안티-파시스트들**이 집회를 공격해 검은셔츠단을 흩어버렸다. 이 과정에서 스무 명이 다쳤다. 이 일과 다른 충돌들 때문에 영국파시스트연합은 대중의 **지지를 잃었다**. 1935년이 되자 조직원도 고작 **8천**이 남았다.

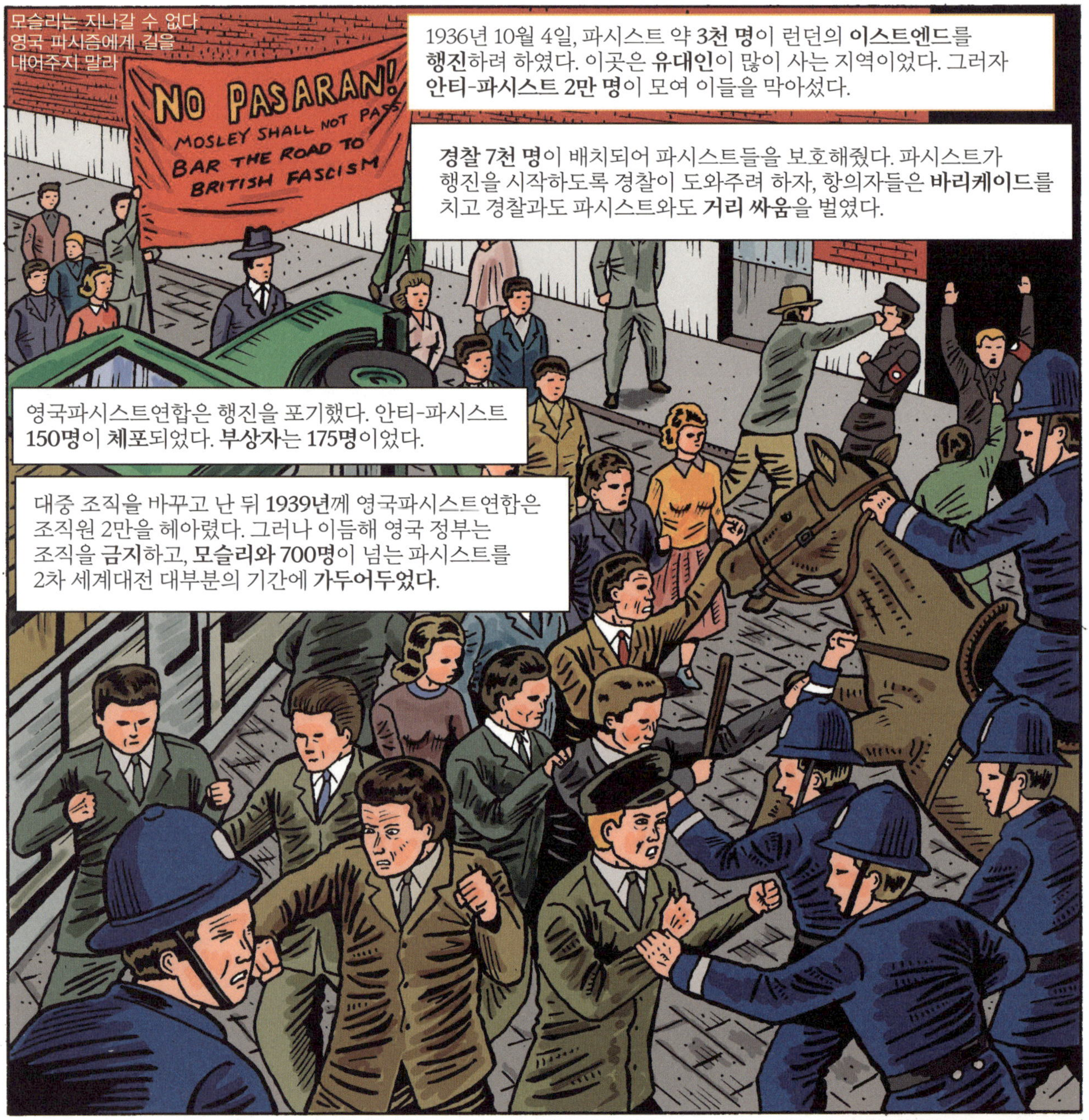

모슬리는 지나갈 수 없다
영국 파시즘에게 길을
내어주지 말라

1936년 10월 4일, 파시스트 약 **3천 명**이 런던의 **이스트엔드**를 **행진**하려 하였다. 이곳은 **유대인**이 많이 사는 지역이었다. 그러자 **안티-파시스트 2만 명**이 모여 이들을 막아섰다.

경찰 7천 명이 배치되어 파시스트들을 보호해줬다. 파시스트가 행진을 시작하도록 경찰이 도와주려 하자, 항의자들은 **바리케이드**를 치고 경찰과도 파시스트와도 **거리 싸움**을 벌였다.

영국파시스트연합은 행진을 포기했다. 안티-파시스트 **150명**이 **체포**되었다. **부상자**는 175명이었다.

대중 조직을 바꾸고 난 뒤 **1939년**께 영국파시스트연합은 조직원 2만을 헤아렸다. 그러나 이듬해 영국 정부는 조직을 금지하고, **모슬리와 700명**이 넘는 파시스트를 2차 세계대전 대부분의 기간에 **가두어두었다**.

43그룹

종전 후, 영국에서 파시스트 조직이 다시 일어나는 것을 본 **유대인 참전 용사들**은 깜짝 놀랐다. **모슬리** 역시 **연합운동**(Union Movement)이라는 새로운 정당을 만들었는데, 그 조직원들은 **유대인**과 유대인 사업체를 **공격**했다.

유대인 참전 용사 일부가 **43그룹**을 만들었다. 곧 수백 명의 조직원이 모였다. 유대인이 아닌 이들도 함께했다. 이들은 **파시스트 모임**과 집회를 **공격**했다. 43그룹은 **1950년에 해산**했는데, 파시스트 조직의 위협이 이제 **격퇴**되었다고 생각해서였다.

ANARCHY IN THE U.K.
영국의 혼란: 국민전선, 아시아청년운동, 안티-나치동맹

1960년대 후반 영국에서 파시스트 조직이 다시 일어섰다. **1967년, 국민전선(NF)이 창설**되었다. 2차 세계대전 이후 가장 큰 파시스트 정당이었다. **이민에 대한 인종주의자들의 공포**를 파고들었다.

이녹 파월이 이러한 인종주의를 부추겼다. 1968년, 보수당 당원이던 그는 '**피의 강**'이라 알려진, **이민에 반대**하는 악명 높은 연설을 했다.* 이 무렵 영국의 쇠약한 노동력을 보충하기 위해 **아프리카**와 **아시아**의 **옛 영국 식민지**에서 **이민자들**이 많이 들어오고 있었다.

국민전선에 반대하는 운동이 곧 일어났다. 1974년 6월 15일, 서쪽 런던에서 열린 국민전선의 반이민 집회에 맞서 **수천 명**이 들고일어났다. 경찰이 곤봉을 들고 이 집회를 공격했다. 학생 케빈 게이틀리가 목숨을 잃었다.

1974년 9월, 안티-파시스트 7천 명이 국민전선의 행진을 막아섰다. 행진 경로를 경찰이 바꿔야 했다. 이듬해 국민전선 700명이 동쪽 런던에 모였을 때 맞불 집회에는 5천 명이 모였다.

*정치인 이녹 파월은 "이민자들이 영국을 파괴한다. 피로 흘러넘치는 티베르 강이 내 눈에 보인다"고 연설했다. 티베르 강은 로마의 강이다. 이민자 때문에 영국이 로마 제국처럼 멸망하리라고 막말을 뱉은 것이다.

지역 단위 **반인종주의 안티-파시스트 위원회**가 마을과 도시에 설립되었다. 다양한 정당, 커뮤니티, 세입자 조직, 노동조합 대표들이 폭넓게 모여 결성한 **연대체**였다.

BLACK+WHITE UNITE SMASH THE N.F.
흑인 백인 단결하여
국민전선 쳐부수자

그러나 1976년까지 국민전선의 조직원은 **1만 4천 명** 정도를 헤아렸다. 레스터 시에서는 **20%** 가까운 표를 얻었다. 국민전선이 성공하고 **인종주의 레토릭**이 힘을 얻은 배경은 이민자 문제를 보도하는 **인종주의 언론** 덧이었다. 유색인 **이민자**들을 **네오나치 스킨헤드**가 자주 공격했다. 이들은 국민전선이나 '브리티시무브먼트'의 조직원이었다.

스킨헤드는 1960년대 잉글랜드에서 처음 등장했다. 영국 백인도 **자메이카 이민자 청년**도 있었다. **노동 계급** 출신임을 보여주는 색다른 차림새였다.

그런데 1970년대 초, 이민자에 대한 극우 **정치**와 **미디어의 히스테리** 탓에 많은 백인 스킨헤드 조직들이 **인종주의적 세계관**을 가지게 되었다. 이들은 **국민전선과 브리티시 무브먼트**에 가입했다. 반대로, 반인종주의와 안티-파시스트 쪽에 선 스킨헤드들도 있었다.

국민전선의 위협은 갈수록 커졌다. 인종주의자들의 공격과 방화, 그리고 유색인 살해도 늘었다. 이에 맞서 1977년 사회주의노동자당(SWP)은 안티-나치동맹(ANL)을 출범시켰다.

가장 성공한 사업 가운데 하나는 반인종주의 록 콘서트였다. 1978년에 처음 열렸는데, 10만 명이 동쪽 런던으로 행진하여, 펑크·레게·스카·록 밴드의 연주를 들었다. 그해 맨체스터에서 열린 콘서트에는 4만 명이 참석했다.

안티-나치동맹은 여러 공동체 집단, 좌파 조직, 노동조합, 노동당, 인도계 노동자 연맹의 후원을 받았다.

반인종주의 록 콘서트 행사는 안티-파시스트 활동과 안티-나치동맹에 수만 명의 사람을 동원했다. 또 인종주의에 반대하는 문화가 자라게 했다.

극우적인 행사와 인종주의 살인에 항의하는 콘서트나 집회, 행진 말고도 안티-나치동맹은 전투 행동대를 조직했다. 행동대는 안티-파시스트 행사를 보호하고 국민전선 같은 파시스트 그룹을 공격했다. 거리에서 신문을 파는 파시스트들이 흔한 공격 대상이었다.

그런데 이런 행동대들은 종종 사회주의노동자당*의 통제를 벗어났다. 국민전선의 세가 기울자 행동대는 당 지도부로부터 많은 비판을 받았다. 1980년대 초, 행동대 활동을 하던 당원들은 사회주의노동자당에서 쫓겨난다. 이 사람들이 따로 만든 단체가 '붉은행동(Red Action)'이며 1985년 '안티-파시스트행동'으로 이어진다.

*사회주의노동자당(SWP)은 영국의 좌파 정당이다. 트로츠키주의를 널리 소개하여 국내에도 알려져 있다.

1979년 4월, 국민전선이 사우스홀에 모이자 이를 막으려고 **안티-파시스트 행동대원 5천 명**이 모여들었다. 이번에도 **경찰 수천 명**이 국민전선의 집회를 지키기 위해 배치되었다.

나치 국민전선을 막으라!

경찰과 **충돌**하는 과정에 학교 선생님이자 안티-나치동맹 조직원인 **블레어 피치**가 곤봉에 맞아 목숨을 잃었다. **300명** 넘는 사람이 **체포**되었고 많은 사람이 다쳤다.

1979년까지 **국민전선**은 세가 **기울었다**. 그해 총선에서는 고작 **1.3%**의 표를 받았다. 1974년에는 3.1%를 받았었다. 조직원도 **5천 명** 정도로 줄어들었다.

이유는 두 가지였다. 하나는 보수당이 **가혹한 이민 정책**을 채택했기 때문이다. **마거릿 대처**는 국민전선의 표를 많이 가져갔다. 다른 하나는 **안티-파시스트 저항 운동**이 투쟁적으로 계속되었기 때문이다.

이때 **브리티시무브먼트**가 무너졌다. 국민전선과 마찬가지로 네오나치 스킨헤드가 모였던 조직이다.

1980년에 옛 조직책이던 **레이 힐**이 남아프리카에서 돌아와 이 운동에 다시 참여했다. 그런데 이때 레이 힐은 사실 **안티-파시스트 매거진**인 『서치라이트』를 위해 일하는 공작원이었다.

힐은 **부지도자**가 되어 브리티시무브먼트를 무너뜨리기 위한 **공작**을 했다.

1982년까지 그는 큰 성공을 거두었다. **절반** 넘는 조직원이 그와 함께 떠나 1982년 설립된 **브리튼국민당(BNP)**에 들어갔다. 힐이 공작원이었다는 사실은 1984년이 되어서야 밝혀졌다.

1981년 7월 3일, '오이!' 콘서트가 사우스홀에서 열려 수십 명의 네오나치 스킨헤드가 모여들었다. 그들은 거리에서 아시아 사람을 공격하고 그들의 상점을 공격했다.

그날 밤늦게 수백 명의 아시아계 청년들이 밴드가 연주하던 펍을 쳤다. 스킨헤드와 싸우고 경찰차를 뒤집어엎고 화염병으로 펍을 불살라버렸다.

브래드퍼드에서는 일군의 청년들이 흑인청년동맹연합과 함께 1981년 7월 11일 기소되었다. 파시스트들을 공격하려고 화염병을 만들었다는 혐의다.

'브래드퍼드의 12인'이 이들이다. 경찰을 믿고 의지할 수 없으니 스스로를 지키려고 조직할 권리가 있다고 이들은 주장했다. 9주 동안 재판을 받고 이들은 방면되었다.

1981년 말 안티-나치동맹은 해산되었다. 사회주의노동자당 중앙위원회가 보기에 국민전선은 이미 격퇴되었다는 것이다. 그러나 조직은 해체되었을지언정 파시스트 운동은 여전히 큰 위협이었다.

사회주의노동자당 당원을 포함하여 많은 사람이 안티-나치동맹의 해산이 잘못되었다고 생각했다. 몇 해 지나지 않아 전투적 안티-파시즘 운동이 옳았다는 사실이 밝혀졌다. 파시스트 조직은 다시 결성되었고 인종주의자의 공격도 여전했다. 심지어 백인우월주의 음악이 성장하여 잉글랜드는 그 국제적인 본부가 되었다.

파시스트를 물리치는
영국의 안티-파시스트행동

영국의 **안티-파시스트행동**(AFA)은 1985년에 결성되었다. 첫 번째 실천은 1985년 11월 10일에 있었다. 회원 100명이 모여 국민전선이 매년 **현충일 행사를 열던 장소를 점거**했다.

1천 명 넘는 파시스트가 지방을 거쳐 **런던까지** 보란 듯이 **행진**할 요량이던 **국민전선**의 큰 **선전 행사**를 제대로 훼방 놓은 셈이다.

파시즘을 분쇄하라 / 인종주의와 싸우라

1982년 이래로는 **붉은행동**(RA)이 안티-파시스트 운동을 조직해왔다. **행동대** 활동 때문에 사회주의 노동자당에서 **쫓겨난** 사람들이었다.

이들은 **좌파 행사**와 **펑크 콘서트**를 파시스트의 공격으로부터 **지켜줬다**. 또한 **안티-파시스트 축구 응원단**을 조직했다. (축구는 파시스트들이 사람을 모으는 주요 창구였다.) 붉은행동 사람들은 파시스트가 모이는 **펍과 회합도 습격**했다. 파시스트들에게 종종 **부상**을 입혔고 때로는 **재산** 피해도 크게 입혔다.

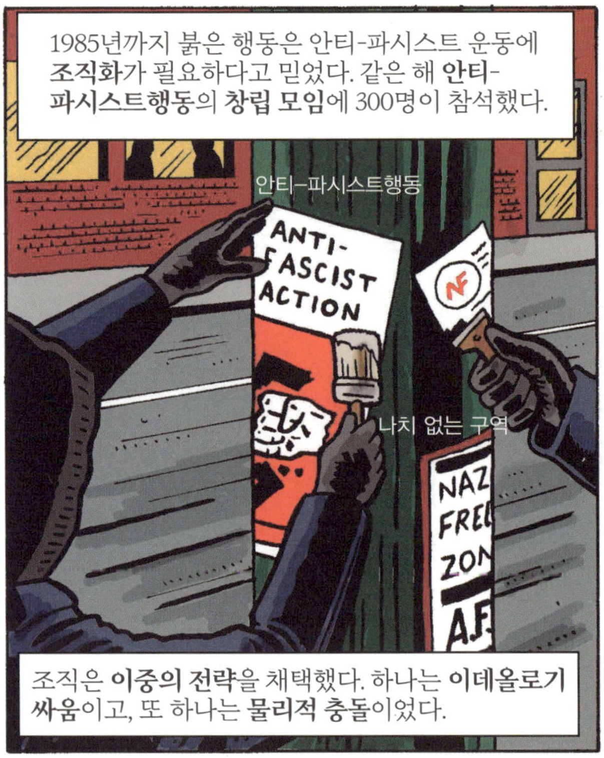

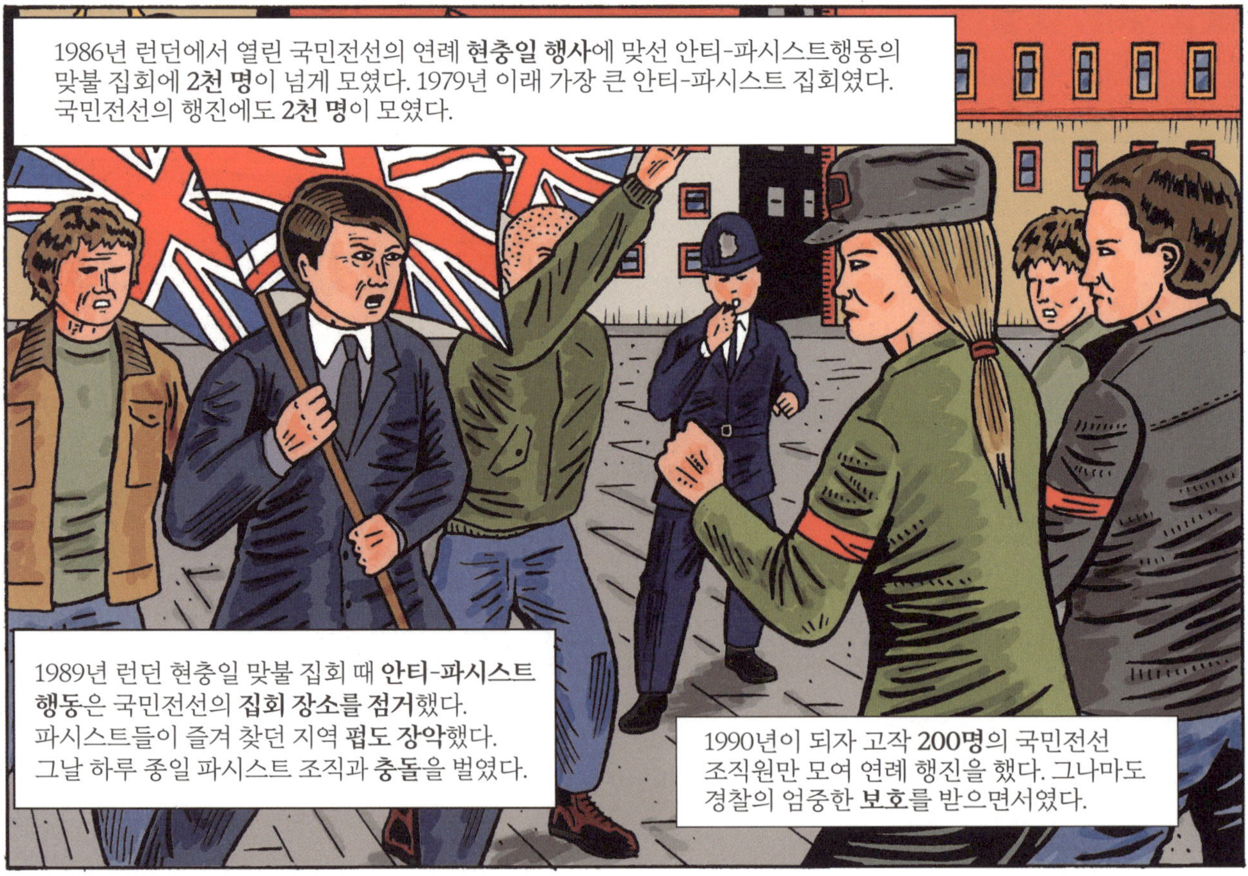

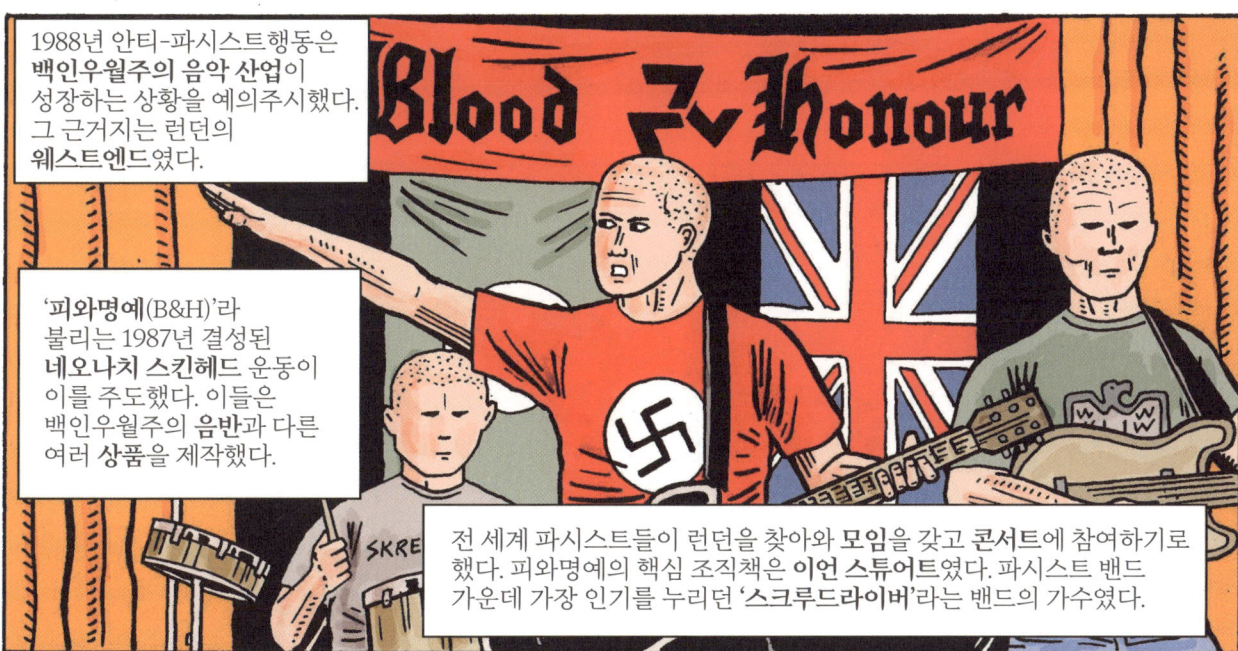

1988년 안티-파시스트행동은 **백인우월주의 음악 산업**이 성장하는 상황을 예의주시했다. 그 근거지는 런던의 **웨스트엔드**였다.

'피와명예(B&H)'라 불리는 1987년 결성된 **네오나치 스킨헤드** 운동이 이를 주도했다. 이들은 백인우월주의 **음반**과 다른 여러 **상품**을 제작했다.

전 세계 파시스트들이 런던을 찾아와 **모임**을 갖고 **콘서트**에 참여하기로 했다. 피와명예의 핵심 조직책은 **이언 스튜어트**였다. 파시스트 밴드 가운데 가장 인기를 누리던 '스크루드라이버'라는 밴드의 가수였다.

이에 맞서 안티-파시스트행동은 1988년 '케이블 **스트리트 비트**'라는 그룹을 출범시켰다. **콘서트**를 열고 **매거진**을 발간하고 수만 장의 **스티커**를 찍어냈다.

1989년 5월, 안티-파시스트행동은 런던 **하이드파크**에서 열리기로 한 피와명예의 콘서트를 **중단**시켰다. 그들의 재집결 장소를 장악하고 파시스트들과 **싸움**을 벌였으며, 가짜 이름으로 예약을 했다는 사실을 주최 측에게 알려 콘서트를 **취소**시켰다.

런던 **웨스트엔드의 상점들**이 피와명예의 상품을 팔기 시작하자, 안티-파시스트행동은 정기적으로 이 가게들을 찾아 **피켓**을 들었다. 판매를 그만두도록 설득했다. 이 지역 펍들이 국제적인 **네오나치의 회합 장소**가 되자, 여기도 운동의 타깃이 됐다. 피와명예 운영의 **근거지를 폐쇄**하는 데 효과적인 운동이었다.

깊은 밤, **네오나치 음반을 팔던 가게** 중 하나에 안티-파시스트 군중이 모였다. 유리창을 깨부수고 상점에 들어가 상품에 **산**을 부었다.

1992년 11월, **안티-파시스트행동**은 다시 한 번 피와명예의 **런던 콘서트**를 망쳐놓았다. 워털루 지하철역 가까운 곳에서 일어난 사건이라 '**워털루 전투**'라 불리게 된다. **1천 명** 넘는 안티-파시스트들이 콘서트의 재집결 장소를 장악했고, 수백 명의 파시스트와 경찰에 맞서 **거리 싸움**을 벌였다.

남은 백여 명으로 콘서트가 계속되긴 했지만, 그래도 사람들 보기에 피와명예가 크게 패하고 안티-파시스트가 이긴 모양새였다. 이듬해 이언 스튜어트는 **교통사고**로 숨졌고, 피와명예는 더욱 **쇠퇴**한다. 유럽과 북미와 오스트레일리아에 아직도 **지부**가 남아 있긴 하지만 말이다.

1990년, **브리튼국민당**(BNP)이 영국의 중요한 파시스트 정당으로 떠올랐다. 국민당은 '**백인을 위한 권리**' 캠페인을 백인 두 사람이 살해된 런던의 한 지역에서 벌였다.

브리튼국민당은 런던 **타워햄리츠 구**에서 백인 표의 거의 **25%**를 얻었다. 이 구는 숱한 **인종주의 공격**과 **살인** 사건이 벌어진 장소이기도 했다.

1990년 10월, 안티-파시스트행동은 다른 조직과 함께 브리튼국민당이 런던 **브릭레인 거리**에서 주간신문을 판매하는 것을 저지하는 **캠페인**을 시작했다.

안티-파시스트행동은 브리튼국민당이 그곳에 도착하기 전에 미리 **점거**하곤 했다. 이후 **3년 넘게** 안티-파시스트행동은 브릭레인의 파시스트들과 맞섰다. 때로 **수백 명**이 참여하는 **공격**을 감행하면서 말이다. 1993년까지 브리튼국민당은 그 자리에서 신문을 팔 수 없었다.

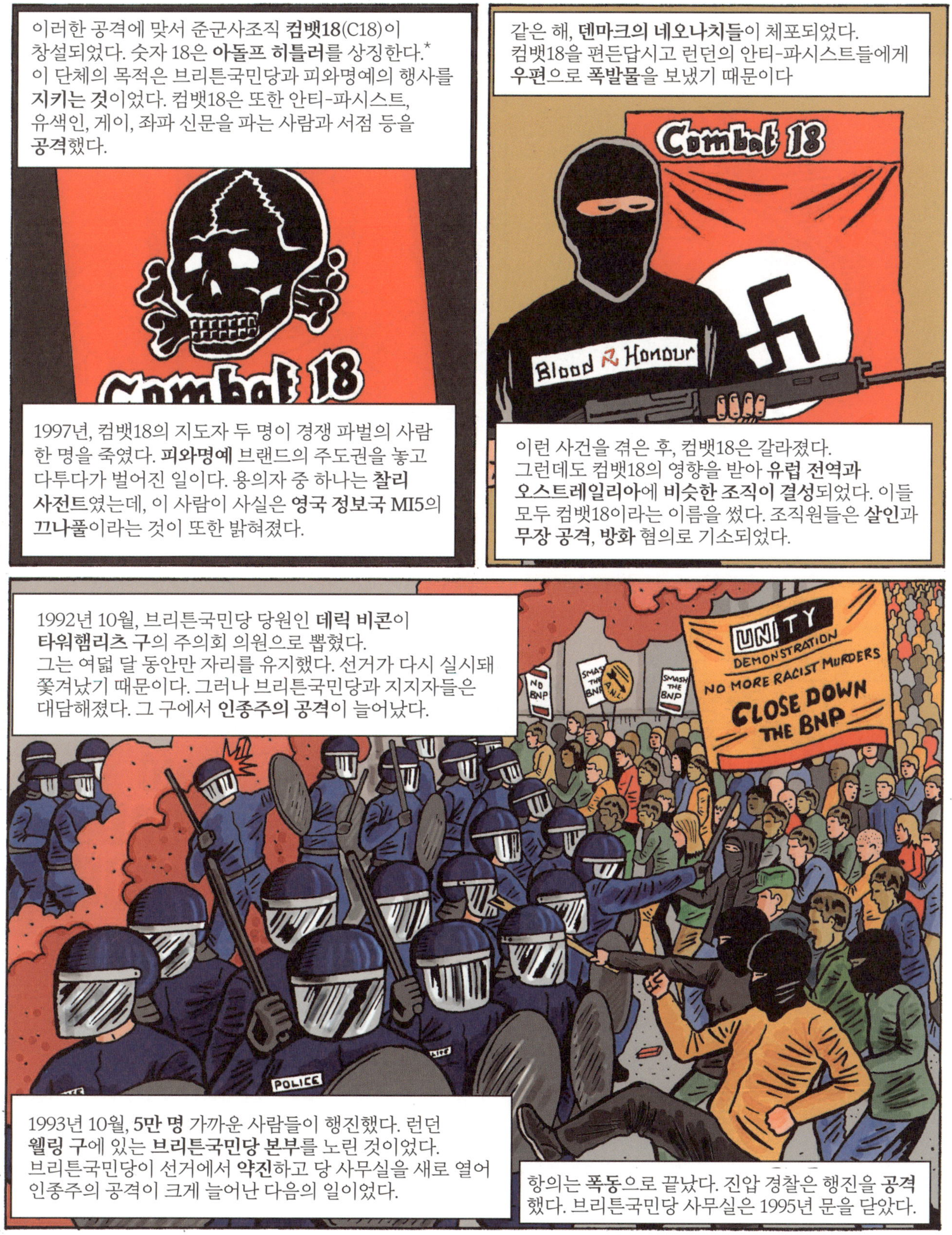

이러한 공격에 맞서 준군사조직 **컴뱃18**(C18)이 창설되었다. 숫자 18은 **아돌프 히틀러**를 상징한다.*
이 단체의 목적은 브리튼국민당과 피와명예의 행사를 **지키는** 것이었다. 컴뱃18은 또한 안티-파시스트, 유색인, 게이, 좌파 신문을 파는 사람과 서점 등을 **공격**했다.

같은 해, **덴마크의 네오나치들이 체포**되었다. 컴뱃18을 편든답시고 런던의 안티-파시스트들에게 **우편**으로 **폭발물**을 보냈기 때문이다

1997년, 컴뱃18의 지도자 두 명이 경쟁 파벌의 사람 한 명을 죽였다. **피와명예** 브랜드의 주도권을 놓고 다투다가 벌어진 일이다. 용의자 중 하나는 **찰리 사전트**였는데, 이 사람이 사실은 **영국 정보국 MI5**의 **끄나풀**이라는 것이 또한 밝혀졌다.

이런 사건을 겪은 후, 컴뱃18은 갈라졌다. 그런데도 컴뱃18의 영향을 받아 **유럽 전역**과 **오스트레일리아**에 비슷한 조직이 결성되었다. 이들 모두 컴뱃18이라는 이름을 썼다. 조직원들은 **살인**과 **무장 공격**, **방화** 혐의로 기소되었다.

1992년 10월, 브리튼국민당 당원인 **데릭 비콘**이 **타워햄리츠 구**의 주의회 의원으로 뽑혔다.
그는 여덟 달 동안만 자리를 유지했다. 선거가 다시 실시돼 쫓겨났기 때문이다. 그러나 브리튼국민당과 지지자들은 대담해졌다. 그 구에서 **인종주의 공격**이 늘어났다.

1993년 10월, **5만 명** 가까운 사람들이 행진했다. 런던 **웰링 구**에 있는 **브리튼국민당 본부**를 노린 것이었다. 브리튼국민당이 선거에서 **약진**하고 당 사무실을 새로 열어 인종주의 공격이 크게 늘어난 다음의 일이었다.

항의는 **폭동**으로 끝났다. 진압 경찰은 행진을 **공격**했다. 브리튼국민당 사무실은 1995년 문을 닫았다.

*알파벳 순서에 따라 A는 1, H는 8을 나타낸다. 숫자 18은 AH, 아돌프 히틀러(Adolf Hitler)의 머리글자다.

1990년대 중반까지가 안티-파시스트행동(AFA)이 가장 **강성했던** 시기다. 40곳 가까운 지부들이 전국에 있었고 수많은 투사를 **동원**할 수 있었다.

그런데 브리튼국민당이 **선거 위주**로 정책을 밀며 **물리적 충돌**의 기회는 줄어들었다. 안티-파시스트 행동은 이 상황에 적응하지 못했다. 2001년, 안티-파시스트행동은 더는 **전국 조직**이 아니었다.

몇 해 지나지 않아 **브리튼국민당**은 **선거**에서 성공을 거두었다. 전국에서 **50명**의 **지방의회 의원**이 선출되어 영국 역사에서 가장 **성공한** 파시스트 정당이 되었다.

2009년 유럽의회 선거에서 브리튼국민당은 80만 표를 얻었다. **유럽의회 의석**을 두 석 얻었다. 그러나 **2015년**까지 이 당은 **기울었다**. 지방의회 의석을 모두 잃고 당원도 500명만 남았다.

2004년에 **영국 안티파**가 결성됐다. 투쟁적인 안티-파시스트 저항 운동을 이어가는 단체였다. 맞불 집회를 조직하고 **파시스트 개개인**을 표적으로 삼았다.

2009년에 경찰은 **대규모 작전**을 벌였다. 수십 차례나 단속하고 체포했다. 두 명의 파시스트 스킨헤드가 습격받은 다음이었다. **안티-파시스트 6명**이 결국 2년 가까운 감옥살이를 선고받았다. 이때 이 조직은 **해산**되었다.

이 무렵 파시스트의 전통적인 이민 반대 운동 대신 **이슬람 혐오**가 자리 잡았다.

무슬림 혐오가 심해진 계기는 **이라크와 아프가니스탄 전쟁**이었다. **지하드 폭탄 공격**도 한몫했다. 2005년의 **런던 테러** 때 50명 넘는 사람이 죽었다. 무슬림 대부분은 지하드 운동가를 반대하지만, 극우파는 무슬림 공동체 전체를 싸잡아 헐뜯었다. 그래서 **무슬림과 모스크를 공격**하는 일이 늘었다.

2009년에는 **잉글랜드방어동맹**(EDL)이 극우파 거리 운동을 하는 가장 큰 단체 중 하나였다. 수천 명이 참여했다. 그들이 앞세운 과제는 **무슬림 반대**였다.

2013년부터 2015년까지 **영국독립당**(UKIP)은 극우 **포퓰리즘 정당**으로서는 눈여겨볼 만한 득표를 했다. 이 당은 영국의 유럽연합 탈퇴, 즉 **브렉시트**와 더 강력한 **이민 제한**을 요구했고, **이슬람화되는 것을** 막아야 한다고 주장했다.

축구 **훌리건**과 파시스트가 구성한 조직이었다. 잉글랜드방어동맹의 집회는 경찰과 안티-파시스트와 자주 **충돌**했다.

영국독립당은 **수백만** 표를 받았다. 지방 선거와 전국 선거에서 지방의회 의석 수백 석을 얻었다. 많은 지도자가 떠난 후 이 당은 기울었다. 2017년에 당은 거의 모든 의석을 잃었다.

2013년에는 **국민행동**(National Action)이 결성되었다. 옛 브리튼국민당 사람들이 함께하는 **네오나치 조직**이었다. 나치 '**혁명**'을 옹호하고 작은 집회를 조직했다. 몇몇 집회는 안티-파시스트들이 가서 못하게 막았다.

2010년 무렵 **안티-파시스트네트워크**(AFN)가 결성되었다. 지역의 자율적인 안티파 그룹을 **전국적으로 조직**한 것이었다.

2016년 12월, 이 조직은 **테러 조직**으로 찍혀 **금지당했다**. 그해 11월 노동당 의원 조 콕스를 총으로 쏴 살해한 **토마스 메어**를 지지하는 발언을 한 다음의 일이었다.

수년 동안 그들은 다양한 파시즘 그룹에 **맞서고** 새로운 극우 안티-무슬림 조직에도 맞섰다. **안티-파시스트네트워크**는 지금도 활동 중이다.

나치 이후: '새로운 독일'의 안티파

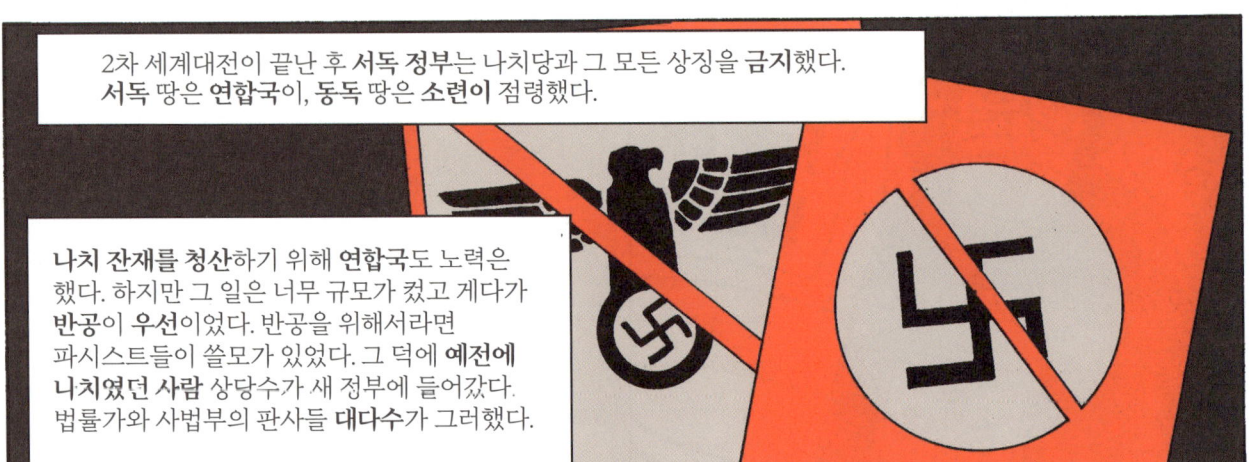

2차 세계대전이 끝난 후 **서독 정부**는 나치당과 그 모든 상징을 금지했다. **서독** 땅은 **연합국이**, **동독** 땅은 **소련이** 점령했다.

나치 잔재를 청산하기 위해 **연합국도** 노력은 했다. 하지만 그 일은 너무 규모가 컸고 게다가 **반공이 우선**이었다. 반공을 위해서라면 파시스트들이 쓸모가 있었다. 그 덕에 **예전에 나치였던 사람** 상당수가 새 정부에 들어갔다. 법률가와 사법부의 판사들 **대다수가** 그러했다.

연합국 점령이 1949년에 끝난 후, **새로운 파시스트 정당들**이 나타났다. 더러는 금지당했고 살아남더라도 작고 무의미했다. 그런데 이들 가운데 몇이 **1964년에 국가민주당(NPD)**을 만들었다. 이 당은 서독의 네오나치 가운데 가장 큰 정당이 되었다. 당원은 **3만 명**에 이르렀다.

1960년대 후반에 NPD는 **주 선거**에서 의석을 얻었다. 1969년 **연방 선거**에서는 5% 가까이 표를 받았다. 그 이후로 이 당은 별 성공을 거두지 못했다. 당원 수는 줄어들었다. 그러나 수십 년 동안 서독에서 가장 큰 파시스트 정당으로 남았다.

1977년 프랑크푸르트에서 열린 NPD 연례 회의에 파시스트 **4천 명**이 모였는데, 이들 중 일부가 안티-파시스트 **1천 명**의 집회를 공격했다.

이듬해 안티-파시스트 약 1만이 **프랑크푸르트**의 NPD 회의장을 **점거**하려 했지만, 진압 경찰의 공격을 받았다. 1980년에는 필립스탈에서 열리는 NPD 회의를 1만 명의 안티-파시스트들이 막아버렸다. 그때 이후로 이 당은 많은 사람이 **공공장소**에서 모이는 일을 **포기**했다.

이렇게 모였던 경험 덕분에 처음으로 **전투적인 안티-파시스트 네트워크**가 생겼다. 1980년 9월 **뮌헨 옥토버페스트 폭탄 테러**의 영향도 있었다. 폭탄을 터뜨린 군돌프 쾰러를 포함해 13명이 목숨을 잃고 200명 넘는 사람이 다친 사건이었다.

쾰러는 **베어슈포르트그루페 호프만**이라는 조직의 일원이었다.(조직의 리더인 카를 호프만의 이름을 땄다.) 1970년대 초반에 '군사적 스포츠 조직'이 몇몇 결성되었는데 그 가운데 하나였다. 이 조직들은 극우 행사에 **경호**를 서곤 했다.

제법 많은 **준군사조직**이 생겼다. NPD가 선거에 실패한 다음의 일이다. 1970년대 말과 80년대 초에 이들은 **강도질**은 물론 **살인과 방화, 폭탄 공격**에 관여했다.

1980년대 초에 급진 좌파에서 **자율주의 운동**이 일어났다. 서독에서는 **빈집점거운동**이 활발했다. 자율주의자 가운데 몇몇 조직이 안티-파시스트 네트워크를 독일 북부에 결성했다. 1983년에 **안티-파시스트행동(안티파) 함부르크**가 결성되었다.

북부 네트워크의 첫 번째 활동은 1983년 바트 헤르스펠트에서 열린 **옛 SS친위대 퇴역 군인들의 회합**을 치는 일이었는데, 결국 전투 경찰과 싸우며 끝났다. 그해 10월 2,500명이 모여 팔링보스텔에서 열린 NPD 회합에 **맞불 집회**를 열었다. 경찰 작전의 규모가 매우 컸지만, 안티파 수백 명은 돌과 병을 던지며 NPD가 모인 홀을 공격할 수 있었다.

1985년 9월 28일, **귄터 자레**가 경찰 물대포에 맞고 차에 치여 **목숨을 잃었다**. 프랑크푸르트에서 NPD에 맞서 집회를 하던 중이었다.

이튿날 밤 독일 전역 도시에서 **항의 시위**가 있었다. 몇몇 도시에서는 **폭동**이 일어났고 막대한 **재산 피해**를 냈다.

1987년, 안티-파시스트 정보지가 전국 단위 안티파 매거진을 발행하기 시작했다.

이즈음 노동조합은 물론 공동체와 학교에서 **안티파 단체**들이 조직으로 꾸려지고 있었다. 항의 시위도 하고 파시스트 조직에 맞선 **전투적인 공격**도 여러 차례 감행했다.

1989년 1월, 극우 정당인 **레푸블리카너**가 7.6%의 표를 받고 서베를린 의회에 입성했다. 프랑크푸르트에서는 **NPD**가 6.6%를 받고 **시의회**에 합류했다.

1989년 5월, 네 명의 안티-파시스트 운동가가 경찰 특수 요원이라고 신분을 속이고 오랫동안 파시스트 조직책이었던 **크리스티안 보르흐**의 집을 쳤다. 이들은 보르흐를 감금해둔 채 **파시스트 조직의 회원 명부** 등 서류를 챙겨 나왔다.

1989년 11월 17일, 24살의 **코니 베스만**이 차에 치여 목숨을 잃었다. 괴팅겐에서 네오나치 스킨헤드와 충돌한 후 경찰을 피해 달아나던 중이었다. 일주일 후 **자율주의자 2,500명**을 포함한 **1만 6천 명**이 **괴팅겐**에서 행진했다. 이 집회는 결국 다운타운 지역에서 경찰과 **충돌**했다.

한편 1990년 10월에 **동독**과 **서독**이 다시 통일되었다. 전해에 **동구권**이 **몰락**한 결과였다.

서독이 옛 동독을 **흡수 통일**하면서, **민족주의의 물결**이 나라를 휩쓸었다. 그래서 **극우와 네오나치 조직**이 다시 힘을 얻었는데...

동쪽 땅에서는 **네오나치 스킨헤드 운동**이 대대적으로 일어났다. 동독에서는 1989년이라는 이른 시기에 **안티파 그룹**이 조직되었다. 거세진 위협에 맞서기 위해서였다.

국가기구가 1989년에 무너지는 바람에 네오나치는 더욱 성장했다. 독일 통일 이후에 거의 조직화도 되지 않은 **테러의 물결**이 나라를 덮쳤다. **살인과 방화 공격**이 일어났다.

1991년 9월, **호이에르스베르다**에서 **이주 노동자**가 사는 **호스텔**이 공격당했다. 닷새 넘게 수백 명의 파시스트와 인종주의자들이 이곳을 쳤다. 공격은 커지고 커져서 호스텔에 **화염병**을 던지는 지경에 이르렀다.

이민자를 지키기 위해 경찰은 일다운 일을 하지 않았다. 당국은 이민자들을 **대피**시켰을 뿐이다. 파시스트들은 호이에르스베르다가 "**외국인들로부터 청정해졌다**"고 주장했다. 호이에르스베르다에서 일어난 폭동은 다른 지역에도 영향을 줬다. **외국인을 공격**하고 그들의 집에 **화염병**을 꽂는 일이 번졌다.

1992년 11월 파시스트들이 묄른에 사는 **튀르키예 가족**의 집에 화염병을 던져 **3명이 숨졌다**.

1994년 5월, **졸링겐**에서 튀르키예 사람 집에 또 불을 놓아 **5명이 숨졌다**. 열여섯 살짜리 네오나치 스킨헤드가 이 살인 사건 때문에 기소되었다. 1989년과 1993년 사이에 **30명** 넘는 사람이 파시스트한테 목숨을 잃었다. 범인은 대부분 **네오나치 스킨헤드**였다.

이러한 공격 가운데 1992년 10월 22일부터 24일까지 이어진 **로스토크 소요**가 가장 악명 높다. 수백 명의 **지역 거주민**이 전국에서 모인 **파시스트**와 한편이 되어 돌과 화염병을 던지며 **난민 숙소**를 쳤다. 다행히도 죽은 사람은 없었다.

지역민 수천 명이 지켜보며 "독일을 독일인에게", "외국인은 나가라"는 구호를 외쳤다. 로스토크는 동독 지역에 널리 퍼진 **외국인 혐오(제노포비아)**와 우익 극단주의의 유구한 **상징**이 되었다.

로스토크 사건의 영향으로 파시스트들의 **유색인 공격**이 전국에서 늘었다.

안티파 조직은 이민자와 난민 호스텔을 밖에서 지키는 **방어 단체**를 조직했다. 또한 공격이 일어났다는 제보를 받는 **전화 네트워크**를 창설했다.

나치에 맞서

1992년, **안티-파시스트행동 전국위원회(AA/BO)**가 결성되었다. 안티파 조직들의 활동을 더 잘 조율하기 위해서였다.

1993년, 안티파행동 전국위원회는 파시스트 센터와 회합 장소에 맞서는 **전국적인 캠페인**을 시작했다. 2001년 해산될 때까지 이 단체는 수많은 캠페인을 진행했다.

1992년 4월, **베를린 거리**에서 안티-파시스트와 네오나치의 **싸움**이 벌어져, 파시스트 리더가 칼에 찔린 후 **목숨을 잃었다.**

튀르키예 청년들이 1988년에 결성한 **안티파겐츨리크**라는 그룹이 타깃이 되었다. 멤버 3명이 **유죄**를 받았다. (금고 3년형을 선고받았다.) 이 조직은 1994년 해체되었다.

1994년 7월, 경찰이 30채의 가옥을 급습했다. '**아우토노메안티파(M)**'를 단속하기 위해서였다. **괴팅겐**을 거점으로 1990년에 창설된 조직이었다. 17명이 '**테러리스트 조직**' 가입 **혐의**로 기소되었다.

이 일로 **광범위한 연대 운동**이 시작되었다. 안티파를 범죄 조직으로 몰고 가려는 시도에 맞섰다. 덕분에 **1996년에 기소가 취하**되었다.

1992년 묄른에서 발생한 방화 공격 이후 독일 정부는 몇몇 **파시스트 조직**을 금지했다. **국가주의자전선, 대안독일, 국민공격** 등이다. 1995년에는 **자유독일근로자당(FAP)**을 금지했다.

금지 이후, 몇몇 파시스트 조직은 5명에서 20명 규모의 **세포 조직**으로 잘게 나뉘었다. 또 '**자유국가주의자**'나 '**자유동지회**' 같은 조직이 성장했다. 정규 조직이나 정당에 소속되지 않은 사람들이 만든 조직이었다. 금지당하는 일을 피하기 위해서였다.

이렇게 해서 '**익명의국가주의자들(AN)**'이란 모임이 생겼다. 이들은 **자율주의 운동**에서 많은 것을 **베꼈다**. 레토릭이며 스타일이며 집회할 때 **검은 블록**을 만드는 시도 따위를 말이다. 오늘날 AN은 독일 파시스트 운동의 **큰 몫**을 담당한다.

1980년대 중반, 근거지가 서독인 레코드 레이블 **록·오·라마**는 **파시스트 음악 음반**을 만들기 시작했다. 영국과 더불어 서독이 **네오나치 음악**을 이끌게 되었다. 이들의 앨범은 대부분 금지되었다. 1993년의 경찰 단속 이후, 록·오·라마는 **해체됐다**.

1990년대 후반, 독일의 '**피와명예**'는 백인우월주의 음악과 네오나치 스킨헤드를 이끄는 **네트워크**가 됐다. 사람을 모으고 국제 회합을 주선했다. **2000년**에 이 조직은 **나치 이데올로기**를 널리 퍼뜨린다는 이유로 **컴뱃18**과 함께 금지되었다.

그 자리를 파시스트가 운영하는 더 작은 회사 수십 개가 채웠다. 수십 개의 **백인우월주의 밴드**가 수만 장의 CD를 해마다 찍어냈다. 일부는 경찰 단속에 걸렸다. 경찰은 수만 장의 CD를 압수했다.

해머스킨네이션은 1994년 독일에서 결성되었다. 피와명예처럼 이들 역시 레코드 레이블을 만들고 콘서트를 조직한다. 이들은 금지되지 않았다. 오늘날 독일의 **백인우월주의 음악 산업을 좌지우지**하는 것이 이들이다. 금지도 해보고 단속도 해봤지만, 네오나치 음악은 독일에서 성장을 이어간다. 2017년 7월 약 **6천 명**의 네오나치가 유럽 곳곳에서 건너와 **튀링겐 동쪽 테마르 마을**의 **음악 축제**에 모였다.

안티파의 주요 활동 한 가지는 파시스트의 **연례행사**를 막아서는 일이다. 나치 전범 루돌프 헤스를 추모하는 연례 행진이 **분지델**에 잡혔다. 헤스는 1987년에 감옥에서 자살했다.*

안티파는 집회를 막기 위해 사람들을 **동원했다**. 해가 갈수록 큰 성공을 거두었다. 2004년에는 "나치 미화를 멈추라"는 캠페인에 2천 명이 모여 행진을 막아섰다. 지역 시민도 잔뜩 참여했다. 2009년, 지역 당국은 드디어 **헤스 행진을 금지했다**.

또 하나의 파시스트 연례행사는 **연합군이 드레스덴을 폭격한 날을 챙기는** 것이었다. 2009년, 이 행사는 **최대 규모**를 이뤄 7천 명이 행진했다. 이에 맞서 '노파사란(못 지나간다)' 동맹이 안티-파시스트를 동원했지만, 대규모 경찰 병력에 통제당했다.

2011년 '국가사회주의지하조직(NSU)'이 발각되었다. **네오나치의 무장 그룹으로** 살인 1건, 폭발 2건, 강도 14건을 저질렀다. 희생자는 주로 **외국인**이었다. 튀르키예인 여덟, 그리스인 하나, 경찰 간부도 1명.

2010년 새로운 동맹이 구성되었다. '**나치없는 드레스덴**'이라는 단체다. 전투적인 사람들과 리버럴이 더 나은 방식으로 손을 잡았다. 그래서 **1만 5천 명**의 안티-파시스트가 도시를 막아서서 파시스트 행진을 **멈출 수 있었다**. 전략은 그 후 2년 동안 성공적으로 반복되었다. 그래서 2013년에는 고작 **800명**의 파시스트만 행진하려고 나섰다. 2018년에는 **500명**의 파시스트만 모였다.

NSU는 1998년부터 있었다. '**지도자 없는 저항 운동**'이라는 개념에 따랐으며 '**자유로운 국가주의자**'라는 환경에서 발생했다. 사실 1990년대 만들어진 파시스트 준군사조직이 저지른 수십 건의 방화 습격 살인보다 NSU가 수행한 활동들이 더 '성공적'이었다.

---

* 2차 세계대전 이후 종신형을 선고받고 베를린의 교도소에서 복역하던 루돌프 헤스는 1987년 93세의 나이에 스스로 목숨을 끊었으며 유언에 따라 분지델 시의 교회 경내에 묻혔다. 이후 네오나치 세력의 성지처럼 변하자 교회 측과 헤스의 후손이 합의하여 묘 폐쇄를 단행했다.

2014년 말부터 수십만 명의 **시리아 난민**이 들어오기 시작했다. **반이민자 폭력**의 새로운 파도가 밀려왔다. 난민 보호소에 **방화**하고 이민자를 습격하는 일이 해마다 **수백 건**이나 일어났다.

독일 땅 위의 종교 전쟁에 반대하는 비폭력 모임

'서양의이슬람화에맞서는애국적유럽인들(PEGIDA)'이라는 단체가 2014년 10월 드레스덴에서 결성되었다. **반이슬람** 조직이었다. 수천 명 넘게 참여하는 행진을 일주일마다 벌였다. 2015년 1월에는 3만 5천 명이 행진했다. 이때 **맞불 집회**에 모인 사람은 전국에서 **10만 명**이었다.

2017년에 이르러 이민자 반대의 파도가 잠잠해지자 PEGIDA의 3주년 행사에는 2,800명만 겨우 모였다. 그런데 '독일을위한대안(AFD)'이라는 극우 단체가 2013년 설립되었다. 난민 위기가 시작되자 세가 확 늘었다. **안티-무슬림 인종주의**와 **반이민 정책**을 내걸었기 때문이다.

독일을 위한 대안

AFD의 주된 근거지는 **옛 동독 땅**이다. 주 선거에서 **수십 석**을 가져갔다. 2017년 연방 선거에서는 의회에서 **제3당**이 되었다. 500만 표를 받아 90석을 얻었다. 이해에 당원은 **3만 명**에 이르렀다.

안티-파시즘이 대안이다

이러한 상황임에도 **독일의 안티파 운동**은 활기가 넘친다. **수십 년** 쌓인 **경험** 덕분에 안티-파시스트 행동을 위해 **수많은 투사들**을 동원할 역량이 있다.

레시스텐시아 콘티누아:
이탈리아의 끊임없는 안티-파시스트 투쟁

1960년대 후반부터 80년대 초까지 **사회적 갈등**과 **노동 불안**이 이탈리아에 널리 퍼져 있었다. **혁명적 운동**이 노동자와 학생 투쟁에서 나타났다. 이 운동을 **자율주의**라고 부른다.

이 시대를 '납의 시대'라고 부른다. **암살**과 **폭탄 공격** 등 폭력의 수위가 높았기 때문이다. **좌파 게릴라**도 이런 행위에 연루되긴 했지만, 이 시기에 숨진 **430명** 중 상당수가 **경찰**과 **파시스트**의 손에 살해되었다.

좌파가 **정부 요원**을 공격한 것과 달리, 대부분의 파시스트 공격은 **민간인**을 노렸다. 납의 시대를 부추긴 중요한 사건 중 하나도 이러한 공격이었다. 1969년 12월 밀라노의 **피아차 폰타나**에서 **폭탄 공격**이 일어나 **17명**이 목숨을 잃었다.

이 폭탄 공격을 비롯한 여러 건을 네오파시스트 조직인 '새로운질서(오르디네누오보, ON)'가 저질렀다. 새로운 질서의 조직원들은 훗날 여러 건의 폭탄 테러 혐의로 유죄 판결을 받았다. 1970년에는 **로마-메시나 간 열차**가 폭파되어 6명이, 1974년에는 **안티-파시스트 집회 폭발**로 8명이, 1974년에는 **이탈리쿠스 엑스프레스 열차 폭발**로 12명이 숨졌다.

폭탄 공격은 '긴장 조성 전략'의 일환이었다. 사회를 **불안하게** 만들어 혁명 좌파에게 비난이 쏟아지게 하려는 속셈이었다. 이렇게 혼란을 부추겨 **파시스트 군사 쿠데타의 구실**로 사용하려 했다. 여러 건의 파시스트 쿠데타 시도가 있었으나 **모두 실패**했다.

나중에야 알려진 사실이지만, '새로운 질서'는 **이탈리아군 정보당국** 및 **미군 정보 요원들**과 함께 일했다. 일부 회원은 소련 침공에 맞서 서유럽 전역에 짜놓은 **극우 전사와 무기의 비밀 나토 네트워크**에 속해 있었다. 이탈리아에서 **작전명은 글라디오**였다.

파시스트 폭탄 공격의 또 다른 **사악한** 면은, **돈 있고 권세 있는 인사들의 비밀 모임**인 '프로퍼갠더두에(P2)'와 관련 있다는 점이었다. **정치인, 사업가, 군과 경찰의 고위 간부들**이 회원이었다. 이들 중 일부는 훗날 파시스트 **폭탄 공격에 연루**되었다.

1976년부터 1981년까지 네오파시스트 단체인 '**혁명적무장 핵심**(NAR)'은 **강도질**과 33건의 **암살**, 그리고 **폭탄 공격**을 수행했다. 그들의 가장 끔찍한 공격은 1980년 **볼로냐 열차역 폭파 사건**이었다. **85명**이 살해당했다.

긴장 조성 전략의 폭탄 공격과 마찬가지로 볼로냐 학살에도 **이탈리아군 정보 장교와 P2 멤버들**이 관여했다.

1960년에 정부 지분을 얻은 MSI는 해마다 하는 회의를 **제노바**에서 하겠다고 선언했다. 제노바는 무솔리니가 통치하던 시대에도 **안티-파시스트의 본거지**였다.

2주가 넘게 안티-파시스트들은 **거리를 장악**했고 경찰은 강하게 **진압**했다. 항의는 다른 도시들로 번졌다. 경찰 손에 죽임을 당한 항의자는 8명이었다. 소요를 진정시키기 위해 정부는 MSI의 회의를 **취소시킬 수밖에 없었다**.

'새로운 질서'와 NAR에는 '이탈리아사회운동(MSI)'에 속했던 사람들이 들어가 있었다. MSI는 1946년에 **파시스트당의 옛 당원들**이 창설했다. 지금은 금지된 이 집단은 1950년대 후반에 이탈리아에서 **네 번째로 큰 정당**으로서 의회에서 24석을 차지했다.

1975년 4월, 밀라노에서 파시스트들이 **좌파 활동가** 한 명을 살해하자 전투적인 항의 집회가 크게 일어나 MSI 사무실 여러 곳을 **파괴**했다. 1974년 6월에는 좌파 게릴라 그룹인 **붉은여단**이 첫 번째 **암살**을 수행했다. MSI 조직원 두 명을 파도바에서 살해한 것이다.

폭력 사태는 1981년에 경찰이 수천 명의 좌파를 잡아넣고야 진정되었다. 파시스트 NAR 게릴라도 잡아넣었다. (**볼로냐 폭파 사건** 이후의 일이다.)

1983년, MSI가 선거에서 받은 표는 7%에 이르러 의회에서 42석을 얻었다. 그러나 이후 **당세가 기울었다**. 1995년, MSI는 **국민동맹**(NA)으로 이름을 바꾸었다.

국민동맹은 2009년에 **실비오 베를루스코니**가 이끄는 **자유민중당**(PDL)에 합병되었다. 1990년대 중반부터 베를루스코니는 파시스트 정당들과 자주 연합을 했다. 이탈리아 '주류' 정치판에 극우파가 들어오도록 **문을 열어준 셈**이다.

이탈리아의 **반이민자 인종주의** 때문에 파시스트와 극우 조직이 성장했다. 2003년, 로마에서 파시스트들이 '**카사파운드**'란 단체를 결성했다. 이들은 **빈집을 점거**하고 사회적 거점을 만드는 등 **좌파의 전술을 베꼈다**. 카사파운드는 다른 도시로 퍼졌다. 오늘날 그들은 **주거지 공급**은 물론 **술집, 체육관, 서점**을 관리한다.

이 운동은 이민자에 반대한다. 최근에는 시의원 **선거 운동**에도 참여했다. 거리에서 **연극적인** 방식으로 **항의 운동**을 전개하기 때문에 주목받는다. 2017년, 조직원은 **6천 명**이었다.

2011년 12월, 카사파운드 지지자인 **잔루카 카세리**가 **피렌체**에서 이민 반대를 내걸고 **총기를 난사**했다. 두 사람이 죽고 두 사람이 다쳤다. 카세리는 스스로 목숨을 끊었다. 이 사건 이후로 반이민 인종주의가 이탈리아와 유럽 전역에서 흥하였다.

최근에는 2018년 2월에 극우 동맹의 옛 입후보자였던 자가 반이민을 걸고 **마체라타**에서 **총기를 난사**하여 6명이 다쳤다. 일주일 뒤에 이 총격 사건을 비난하며 **안티-파시스트 3만 명**이 이곳을 **행진**했다.

대중 집회를 열고 일주일이 지나, 안티-파시스트들이 팔레르모에서 파시스트 조직 '포르차누오바(새로운힘)'의 한 지도자를 묶어놓고 때려서 병원 신세를 지게 했다.

이 일과 다른 사건들이 **2018년 3월 선거 운동 기간**에 일어났다. 선거 결과, 외국인 혐오와 이민 반대 정책에 근거한 **극우파 동맹**이 **제3당**이 되었다.

그래도 이탈리아에는 **강하고 활기찬 좌파와 안티-파시스트 운동**이 있다.

이탈리아의 안티-파시스트들은 먼저 **안티파 파이트클럽**을 결성한다. 활동가들이 싸워서 스스로를 지키는 방법을 배우게 한다. 오늘날 비슷한 클럽들이 유럽 전역에 있다.

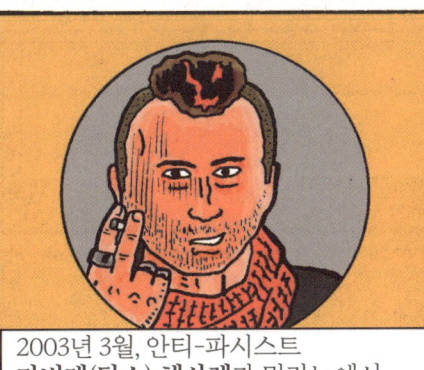

2003년 3월, 안티-파시스트 **다비데(닥스) 체사레**가 밀라노에서 파시스트 두 명의 칼에 찔려 목숨을 잃었다. 그는 안티파 파이트클럽과 사회 센터에서 활발히 활동하던 사람이었다.

이탈리아의 안티파는 또한 안티-파시스트 **저항 운동**을 하던 **풍부한 역사**가 있다. 그 경험으로부터 많은 것을 배울 수 있다.

그리스의 안티-파시즘

2차 세계대전 때, **나치 독일과 추축국들이 그리스를 점령**했다. 그리스는 고통을 심하게 겪었다. 기근으로 죽은 사람이 **15만 명**이 넘고, 파시스트의 손에 죽임당한 사람도 **수만 명**이다.

그래도 그리스는 유럽에서 가장 **힘 있는 저항 운동**을 한 나라 중 하나다. **좌파 게릴라**도 **우익 국가주의자**도 저항했다.

전쟁이 끝난 후, 피로 얼룩진 **내전**이 터졌다. **공산당 빨치산**과 **반공 국가주의자**가 싸웠다.

국가주의자들은 **미국의 도움**을 받아 1949년에 내전에서 승리했다. 그리스는 **권위주의 체제**가 됐다. **나토**가 소련을 포위하는 데 중요한 역할을 맡았다.

사회 갈등이 한창이던 1967년에 **극우파 장교**들이 **미국 중앙정보국 CIA**와 손잡고 **쿠데타**를 일으켜 **독재 정권**을 세웠다.

새 체제는 **시민의 권리**를 억눌렀다. 좌파를 폭넓게 탄압했다. 수천 명이 **감옥**에 가고 **고문**을 당했다. **이탈리아 파시스트**들이 그리스로 찾아와 쿠데타 세력한테 배워 갔다. 이탈리아에 돌아가 **긴장 조성 작전**으로 쿠데타를 일으킬 계획을 짰다.

1973년 11월 17일, **아테네 학생**들이 체제에 항의하며 **대학을 점거**했다. 군대가 공격하여 민간인 스물다섯 명을 쏘아 죽였다. 많은 사람이 부상당했다.

이 **학살** 때문에 군부는 **위기**를 맞았다. 결국 이듬해 정권이 무너지고 **민주주의 체제**가 수립되었다.

오늘날 그리스에서 가장 크고 눈에 띄는 파시스트 정당은 **황금새벽당**(GD)이다. '황금새벽'은 처음에 **네오나치** 매거진이었다. 1980년대 초에 매거진을 내던 **니콜라오스 미할롤리아코스**가 지금은 당의 지도자다.

1993년에 황금새벽당은 정치 정당이 됐다. 당원들은 **좌파, 이민자, 게이를 공격**했지만, 옛날에는 **미미한** 조직이었다.

2000년대 중반이 되며 당은 **이민 문제**에 초점을 맞췄다. **수만 명의 난민**이 그리스로 들어오던 때였다. 황금새벽당 당원들은 이민자를 학대하고 **공격**하기 위해 **순찰**을 돌았다.

2007년 **그리스 경제 위기** 이후로 당은 더 큰 지지를 얻었다. 2010년에는 아테네 시의원 선거에서 5% 넘는 표를 받았다. 시 정부에서 1석을 얻기도 했다. 이민자 인구가 많은 지역에서 황금새벽당은 20% 넘는 표를 받았다.

2010년 3월, 황금새벽당의 **아테네 당사**에 **폭탄**이 터졌다. '**불핵음모단**'이 자기들 짓이라고 주장했다.

2012년 총선, 황금새벽당은 7% 넘는 표를 받았다. 50만 표 가까이나 얻은 것이다. 의회 300석 가운데 21석을 얻었다.

2011년 5월, 파시스트와 국가주의자 **수백 명**이 아테네의 이민자 지역에서 **폭동**을 일으켰다. 방글라데시 사람 하나가 목숨을 잃고, 스물다섯 명이 병원으로 갔다.

이해, 아테네에서는 **아나키스트들**이 **바이크순찰**을 돌았다. 황금새벽당이 표적으로 삼은 지역을 지키기 위해서였다. 종종 경찰이나 파시스트와 **싸움**이 붙기도 했다. 2012년 12월, 아테네 교외의 황금새벽당 사무실에서 **폭탄**이 터졌다. 피해는 컸지만 다친 사람은 없었다. **안티-파시스트전선**에서 한 일이라고 했다.

2013년 1월, **파키스탄 이주노동자** 셰흐자드 루크먼이 아테네 중심가에서 황금새벽당 사람 두 명의 손에 **목숨을 잃었다**. 이주자에 대한 공격은 2018년에는 거의 **날마다** 일어났다.

2013년 9월 17일, 그리스의 안티-파시스트이자 **래퍼인 파블로스 퓌사스**가 아테네에서 칼에 찔려 목숨을 잃었다. 황금새벽당 사람의 짓이었다.

이 사건 때문에 경찰은 황금새벽당을 '**범죄 조직**'으로 규정하고 수사했다. 의회 의원을 포함해 **70명** 가까운 황금새벽당 사람이 잡혀들어갔다. 2020년 10월, 황금새벽당 지도부와 고위 인사 십 수명이 **유죄 판결**을 받았다.

2013년 11월, 황금새벽당 사람 두 명이 총에 맞아 죽었다. '싸우는민중의혁명적힘'이라는 **좌파 게릴라** 단체가 한 일이라고 했다.

2015년 1월 선거에서 황금새벽당은 17석을 얻어 그리스 **제3당**이 되었다.

2018년 1월, 테살로니키에서 **국가주의자들의 큰 집회**가 열렸다. 파시스트 60~70명이 절대자유주의 아나키스트의 **빈집점거운동** 현장을 습격해 화염병을 꽂았다. **진압 경찰**이 근처에 있었지만 **말리지 않았다**.

2018년 3월, **파시스트 스무 명**쯤이 **체포**되었다. 좌파와 이민자를 노리고 방화와 공격 서른 건을 저질렀기 때문이다. **무장 공격**과 **범죄 조직 결성(컴뱃18)**의 혐의로도 기소되었다.

오늘날 그리스의 안티-파시스트는, 파시스트의 위협과 국가의 억압에 맞서 싸운다.

그리고 **이민자와의 연대**를 이어간다. 그들을 보호하고 음식과 살 곳을 제공한다. 빈집점거운동과 **사회적 센터**는 물론이다.

안티파 러시아

수백만 명의 러시아 사람이 나치와 싸우다 목숨을 잃었다. 그런데도 오늘날 **러시아 파시스트** 운동은 규모가 크다. **제노포비아도 극단적이다.** 전 세계 **네오나치 스킨헤드의 절반** 정도가 러시아에 사는 것으로 추산된다. **6만 명**은 될 것이다.

1991년에 소련이 무너지며 가난이 널리 퍼졌고 민족마다 각각 **민족주의**가 흥했다. 90년대 후반에 **체첸 전쟁**이 터지자, **체첸 반대 프로퍼갠더**가 일어났다. 중앙아시아와 코카서스에서 온 **이민자**도 늘었다. **제노포비아와 파시스트 이데올로기**가 널리 퍼질 조건이었다.

러시아국민연합(RNU)은 **파시스트 준군사단체**다. 1990년에 결성되었다. 이 조직은 **기업과 정부**에서 대단한 **지원**을 받았다. **군의 훈련 시설**을 이용했고, 어떤 도시에서는 경찰과 함께 순찰을 돌았다.

2000년대 중반에 **수백만 이주자**가 일자리를 찾아 중앙아시아에서 러시아로 왔다. 체첸 전쟁이 진행되던 참이라, **외국인 혐오**에 불이 붙었다. 파시스트 그룹은 이때 세를 불렸다. **인종 공격과 살인**이 늘었다. 대부분 파시스트 스킨헤드족이 저지른 범죄였다.

조직원이 한때 수만 명이었으나, 1990년대 후반부터 조직은 쪼개지고 **세가 기울었다.** 1999년, 일련의 **폭탄 공격**을 계획한 혐의로 조직원들이 기소되었다. 오늘날 국민연합은 많이 작아졌지만 일부 조직원은 2014년 **우크라이나 분쟁** 때 나서서 싸우기도 했다.

2005년, **8만 명의 네오나치 스킨헤드**가 러시아에서 활동한 것으로 추산된다. 2004년부터 2008년까지 **약 350건의 인종 살인**이 러시아에서 일어났다.

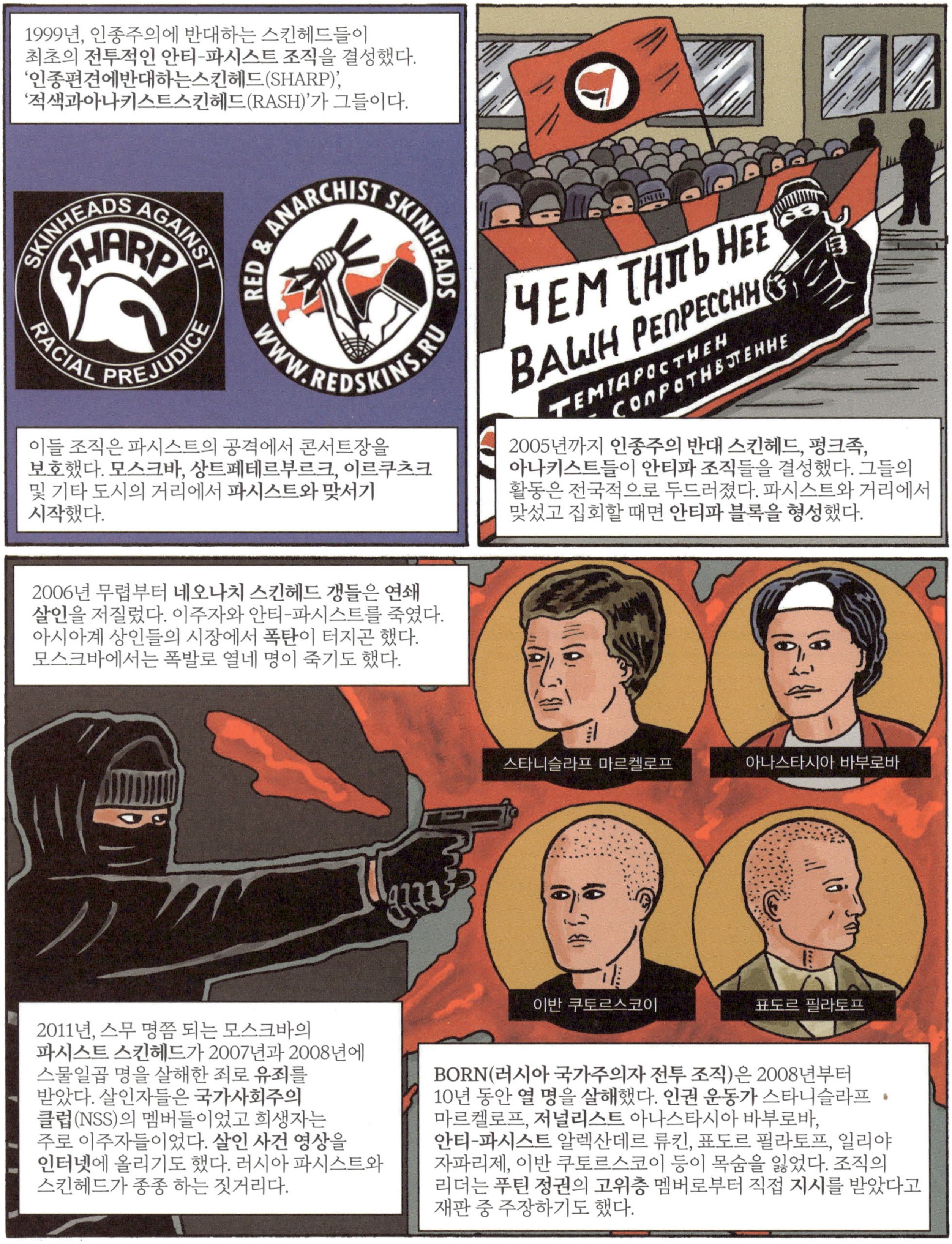

1999년, 인종주의에 반대하는 스킨헤드들이 최초의 **전투적인 안티-파시스트 조직**을 결성했다. '인종편견에반대하는스킨헤드(SHARP)', '적색과아나키스트스킨헤드(RASH)'가 그들이다.

이들 조직은 파시스트의 공격에서 콘서트장을 **보호했다.** 모스크바, 상트페테르부르크, 이르쿠츠크 및 기타 도시의 거리에서 **파시스트와 맞서기 시작했다.**

2005년까지 **인종주의 반대 스킨헤드, 펑크족, 아나키스트**들이 안티파 조직들을 결성했다. 그들의 활동은 전국적으로 두드러졌다. 파시스트와 거리에서 맞섰고 집회할 때면 **안티파 블록을 형성했다.**

2006년 무렵부터 **네오나치 스킨헤드 갱들은 연쇄 살인**을 저질렀다. 이주자와 안티-파시스트를 죽였다. 아시아계 상인들의 시장에서 폭탄이 터지곤 했다. 모스크바에서는 폭발로 열네 명이 죽기도 했다.

스타니슬라프 마르켈로프 | 아나스타시아 바부로바

이반 쿠토르스코이 | 표도르 필라토프

2011년, 스무 명쯤 되는 모스크바의 **파시스트 스킨헤드**가 2007년과 2008년에 스물일곱 명을 살해한 죄로 **유죄를** 받았다. 살인자들은 **국가사회주의 클럽(NSS)의 멤버들이었고 희생자는 주로 이주자들이었다. 살인 사건 영상을 인터넷**에 올리기도 했다. 러시아 파시스트와 스킨헤드가 종종 하는 짓거리다.

BORN(러시아 국가주의자 전투 조직)은 2008년부터 10년 동안 **열 명을 살해했다. 인권 운동가** 스타니슬라프 마르켈로프, **저널리스트** 아나스타시아 바부로바, **안티-파시스트** 알렉산데르 류킨, 표도르 필라토프, 일리야 자파리제, 이반 쿠토르스코이 등이 목숨을 잃었다. 조직의 리더는 푸틴 정권의 고위층 멤버로부터 직접 지시를 받았다고 재판 중 주장하기도 했다.

국가와 파시스트 조직이 연루되었다고 수십 년 동안 의심받아왔다. 습격이나 살인 사건이 일어나도 대부분 경찰이 조사하지 않기 때문이다.

경찰 스스로도 자주 **이민자들**을 **학대**한다고 인권 단체들은 지적한다.

뿐만 아니라, 러시아는 **돈**과 다른 **자원**을 유럽의 **파시스트와 극우 조직**들에 제공한다. 유럽연합에 **반대**하는 그들의 사업을 돕기 위해서다.
사회적 긴장이 높아지는 것도 러시아의 노림수다.

러시아 파시스트들은 **준군사조직 트레이닝**을 유럽 전역의 파시스트 조직에 제공하는 역할도 한다. 러시아의 **종합격투기**(MMA) 브랜드인 **화이트렉스** 멤버들의 일이기도 하다.

러시아 국가는 규모가 크고 폭력적인 **파시스트** 운동에 대해 **관용적**이다. 가끔씩만 탄압한다. 그런데 **안티-파시스트**에 대해서는 오랜 기간 꾸준히 억압을 해왔다.

화이트렉스는 종합격투기 선수 데니스 니키틴이 설립했다. **파시스트 의류**도 만들고, 종합격투기 **토너먼트**도 조직하고, 유럽 전역에서 **백인우월주의 음악 콘서트**도 연다.

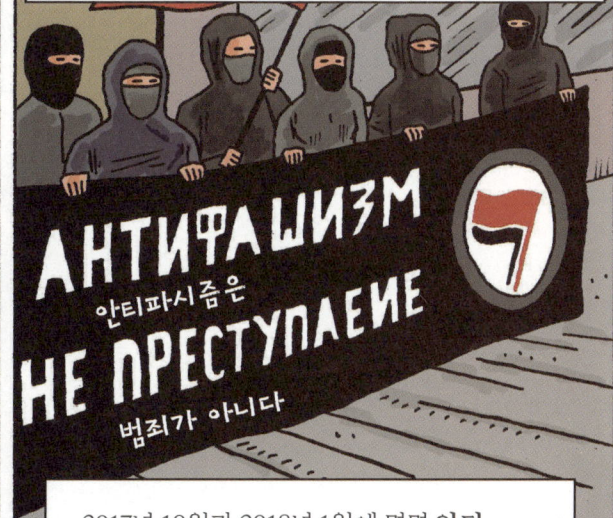

2017년 10월과 2018년 1월에 몇몇 **안티-파시스트 아나키스트**들이 **체포**되어 고문을 받고, 테러 조직으로 **기소**당했다.
이들을 지키자는 캠페인이 벌어졌다.

프랑스의 안티-파시스트행동

2차 세계대전이 시작하기 전, 프랑스에서 파시스트 운동이 흥했다. 그런데 전쟁과 **나치 점령**을 겪고 나자 파시즘의 인기는 뚝 떨어졌다. 그러나 피비린내 나는 알제리 독립 전쟁을 1954~62년에 겪으며, **새로운 파시스트 조직들이 생겼다.**

장 마리 르펜은 프랑스군 **정보 장교** 출신이다. 전쟁 중에 **알제리 수감자들을** 고문했다. 르펜은 1972년에 **국민전선(FN)**이라는 정당을 만들었다. 이탈리아사회운동(MSI)이 모델이었다. 국민전선은 한때 작은 주변 정당이었으나, 1980년대 초반에 **다양한 극우와 파시스트 그룹을 통합했다.** 국민전선은 **반이민 정서와 제노포비아** 덕분에 성장했다.

이때 **파시스트 스킨헤드 운동**이 프랑스에서 크게 일어났다. **유색 인종**을 거리에서 **공격**하기 시작했다. 1980년부터 90년까지 10년 동안, 200명 넘는 북아프리카 사람이 **인종 공격**에 죽임을 당했다고 추산된다.

1980년대 초반, 흑인과 북아프리카인과 백인 청년들이 파리의 교외에서 조직을 만들었다. 날로 늘어가는 **파시스트 폭력에 맞서기** 위해서였다.

국민전선은 **인종주의** 불길에 기름을 부었다. 1983년 **시의회 선거**에서 처음으로 성공을 거두었다. 르펜은 파리의 지방 의원이 되었다. 많은 **파시스트 스킨헤드**가 이 무렵 **국민전선**의 행사와 집회에 **경비**를 섰다.

이 조직들은 **블랙드래건, 바이킹, 블랙팬서** 같은 이름을 썼고, 로커빌리와 스카 음악계에서 일어났다. 자기들 공동체를 두루 **순찰**하며 파시스트와 **맞섰고** 그들을 힘으로 **쫓아냈다.**

1984년에 **아나키스트들과 자율주의자들이** SCALP(르펜에결사반대하는조직)를 만들었다.

그해 국민전선 집회를 치며, 이 그룹은 두각을 나타냈다. 경찰과 싸우며 **화염병**을 던졌다. 곧 프랑스 전역에 **지부**가 생겼다.

'붉은전사'는 1986년에 결성되었다. 규칙적으로 무술을 익히던 안티-파시스트 스킨헤드들이 주축이 되었다.

이들은 펑크와 스카 콘서트에 **경비**를 섰고, 파시스트 스킨헤드가 죽치는 장소를 **습격**했다. 돌아다니며 **파시스트 스킨헤드들을 사냥**했다.

프랑스의 안티-파시스트 운동은 초창기부터 **전투적**이었다. 파시스트의 길거리 장악과 그 이데올로기에 **저항했다**.

2013년 6월, **파리 방리외 안티-파시스트 행동**의 회원이던 18세 클레망 메리크가 파리에서 파시스트 스킨헤드들에게 목숨을 잃었다. 그의 죽음은 프랑스 **안티파 운동**에 중요한 **계기**가 되었다.

2008년 무렵부터 안티파 조직들이 프랑스에서 결성되었다. 오늘날에는 **나라 전역**에 지부가 있다.

지난 20년, **제노포비아**와 **인종주의**가 프랑스에서 무섭게 자라났다. 2017년 5월에 국민전선은 총선을 망쳤지만, 국민전선의 새 지도자 **마린 르펜**은 여전히 **1천만 표**를 얻었다.

그래도 **프랑스의 안티파**는 잘 **조직되어** 있다. 최근 여러 해 동안 안티-파시스트와 반인종주의 운동에서 중요한 역할을 했다. **경찰 폭력**과 국가의 **긴축 정책**에 맞서 대중을 **동원**한다.

우크라이나의 나토 쿠데타
파시스트와 네오나치가 길을 열다

2차 세계대전 동안 파시스트 조직 **우크라이나반란군(UPA)**은 **나치당에 부역해** 수만 명의 **유대인, 폴란드인, 로마니 사람**을 학살했다. UPA는 우크라이나국가주의자조직(OUN) 사람들로 이루어졌다. 이들은 최고 지도자인 **스테판 반데라***의 명령에 따랐다.

한편 **경찰, 군인, 간수**로 **나치에 협력한** 우크라이나 사람은 **25만 명**이 넘는다. 심지어 SS 친위대에 **갈리시아 사단**이 따로 있을 정도였다. 정작 나치는 슬라브 사람을 열등한 종족으로 보고 **기근**과 **노예 노동**을 통해 **절멸시킬 계획**이었는데도 말이다.

스테판 반데라

한때 우크라이나는 소련의 일부였다. 1991년에 소련이 망한 후, 우크라이나에서 **파시스트 운동이 부활**했다. 공식적인 '명예 회복' 시도도 있었다. UPA와 반데라가 우크라이나 **애국자**였을 뿐 파시스트 **도살자**가 아니었다고 주장하면서.

2013년 11월에 **대규모 충돌**이 시작되었다. 유럽연합(EU)과 가까워지려던 움직임을 대통령이 중지시키자, **수십만 명**이 참여한 **대규모 항의**가 일어났다.

항의자들의 캠프가 수도 키이우에 섰다. 이것이 **유로마이단 사태**다. 이들은 유럽연합에 합류하고 정부는 사퇴하라고 요구했다. 그런데 이 시위를 부추긴 조직 가운데 **파시스트 당인 스보보다**(자유)가 있었다.

스보보다는 1991년에 설립되었다. 그때 이름은 **우크라이나 사회국민당**이었다. 이들은 나치 부역자 OUN의 직계 후손이었다. 2004년에 스보보다로 이름을 바꾸었다. 서유럽 파시스트 정당들의 성공을 본떠 더 **인기 있는 정책**을 걸었고 자기네 **네오나치 레토릭과 상징**을 탈색시켰다.

* 스테판 반데라의 평가 문제는 우크라이나에서 뜨거운 논란의 대상이다. 2010년 정부는 반데라에게 사후 영웅 훈장을 수여했으나 2011년 새로 들어선 정부는 그 훈장을 취소했다. 2018년과 2019년에도 국회에서 같은 논쟁이 반복되었다.

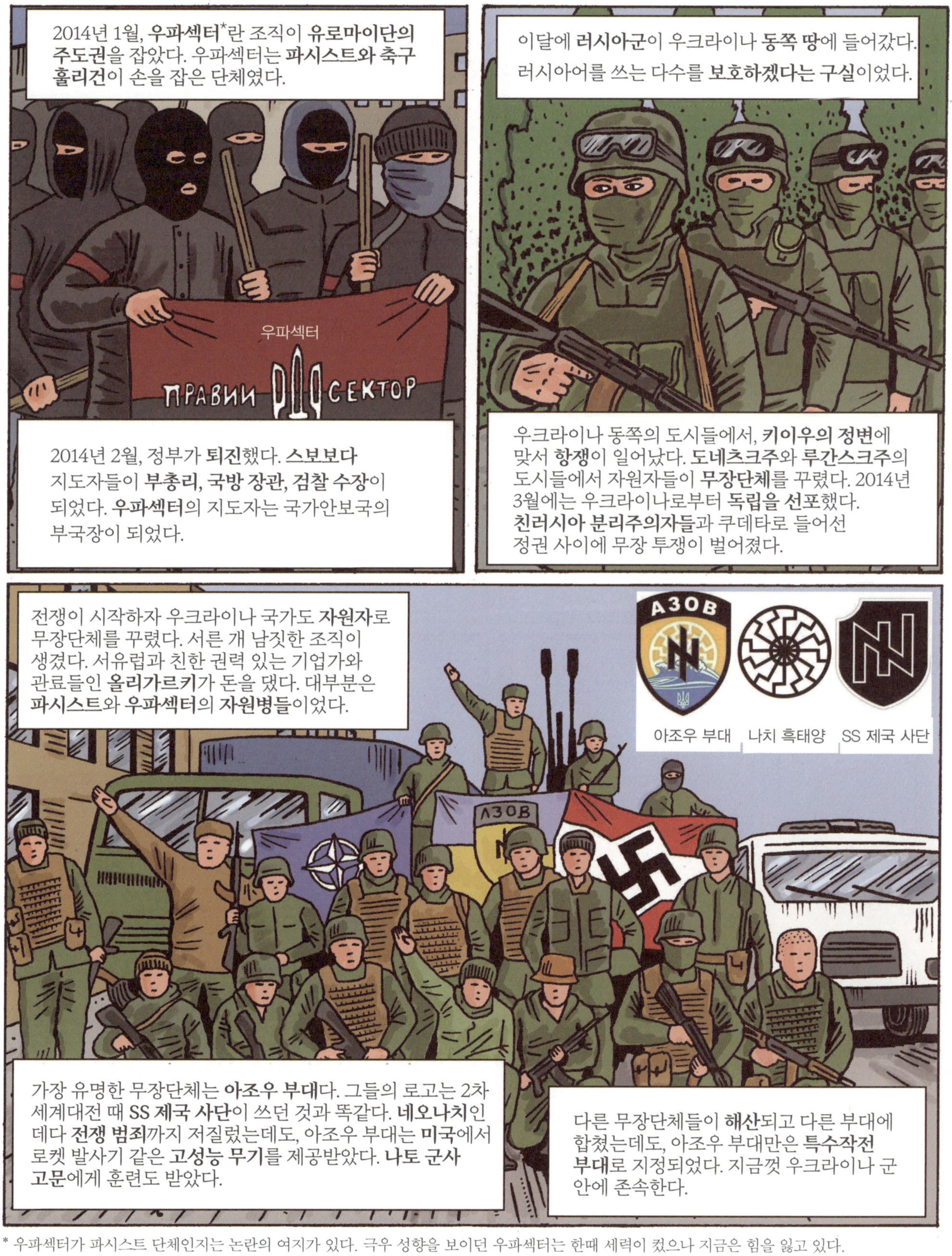

2014년 1월, **우파섹터***란 조직이 **유로마이단**의 주도권을 잡았다. 우파섹터는 **파시스트와 축구 훌리건**이 손을 잡은 단체였다.

이달에 **러시아군**이 우크라이나 **동쪽 땅**에 들어갔다. 러시아어를 쓰는 다수를 보호하겠다는 **구실**이었다.

2014년 2월, 정부가 **퇴진**했다. **스보보다** 지도자들이 **부총리, 국방 장관, 검찰 수장**이 되었다. **우파섹터**의 지도자는 국가안보국의 부국장이 되었다.

우크라이나 동쪽의 도시들에서, **키이우**의 정변에 맞서 **항쟁**이 일어났다. **도네츠크주**와 **루간스크주**의 도시들에서 자원자들이 **무장단체**를 꾸렸다. 2014년 3월에는 우크라이나로부터 **독립**을 선포했다. **친러시아 분리주의자**들과 쿠데타로 들어선 정권 사이에 무장 투쟁이 벌어졌다.

전쟁이 시작하자 우크라이나 국가도 자원자로 무장단체를 꾸렸다. 서른 개 남짓한 조직이 생겼다. 서유럽과 친한 권력 있는 기업가와 관료들인 **올리가르키**가 돈을 댔다. 대부분은 **파시스트**와 **우파섹터**의 **자원병**들이었다.

가장 유명한 무장단체는 **아조우 부대**다. 그들의 로고는 2차 세계대전 때 **SS 제국 사단**이 쓰던 것과 똑같다. **네오나치**인 데다 **전쟁 범죄**까지 저질렀는데도, 아조우 부대는 **미국**에서 로켓 발사기 같은 **고성능 무기**를 제공받았다. **나토 군사 고문**에게 훈련도 받았다.

다른 무장단체들이 **해산**되고 다른 부대에 합쳤는데도, 아조우 부대만은 특수작전 **부대**로 지정되었다. 지금껏 우크라이나 군 안에 존속한다.

* 우파섹터가 파시스트 단체인지는 논란의 여지가 있다. 극우 성향을 보이던 우파섹터는 한때 세력이 컸으나 지금은 힘을 잃고 있다.

크름 지역과 그곳의 **전략 항구**를 잃은 후, 쿠데타로 자리 잡은 정부는 또 다른 항구인 오데사를 꼭 지키기로 결심했다. **분리 독립**할 생각을 뿌리 뽑겠다며, 정부는 수백 명의 **우파섹터**와 파시스트 **훌리건**을 버스로 실어 날라 이 도시 항의자들의 캠프를 **공격하게 했다**. 2014년 5월 2일의 일이었다.

파시스트가 오데사의 노조 건물을 **화염병**과 **소화기**로 공격했다. 죽임당한 사람이 마흔 명이 넘었다. 대부분 **불에 타 죽었다**. 살아남은 사람도 두들겨 맞고, 총에 맞고, 목매달려 죽었다.

이때 **미국**은 **수십 억 달러**를 정부에 퍼주고 있었다. 많은 양의 **무기**와 **장비**도 줬다. 정부가 파시스트와 타락한 올리가르키에 오염된 것이 분명한데도 말이다.

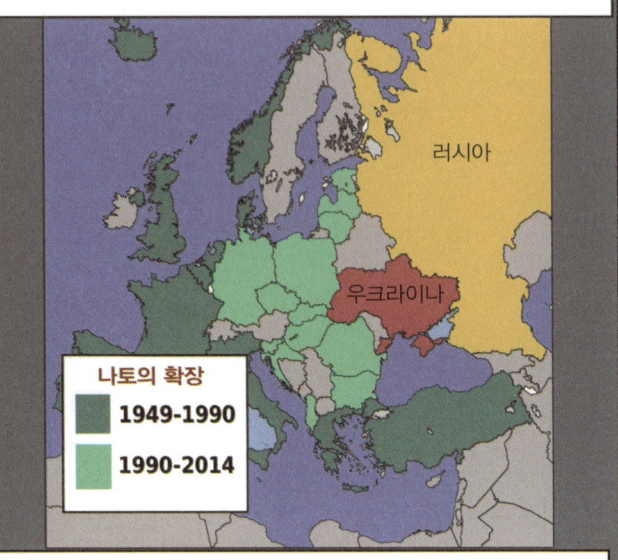

우크라이나는 또한 **나토 회원국**이 되는 **패스트트랙**을 탔다. 이렇게 되면 러시아는 **포위**될 것이다. 이 전략은 1949년 이래로 진행 중인데, 지금은 옛 동유럽 나라도 여럿 끌어들였다.

하지만 우크라이나에서 **러시아의 영향과 교류**를 제거하기란 쉽지 않았다. **러시아가 군사 개입**을 했고 우크라이나 **동부 사람들**이 자발적으로 무기를 들었기 때문이다.

많은 자발적인 무장단체가 **안티-파시스트 저항**을 분명히 표현했다. 그리고 유럽 전역에서 자원병을 모았다. 반면, 이 충돌의 **국가주의적 색채** 때문에 **러시아 파시스트 일부**가 분리주의자 편에 서서 싸우기도 한다.

오늘날 수많은 **파시스트 준군사조직**이 우크라이나에 있다. 이들은 **친유럽 올리가르키**와 파시스트 정당에서 돈을 받는다. 진보 운동과 저항 운동을 공격하는 선봉에 이들이 있다. 40개 가까운 도시들이 **자경단의 순찰**을 공공연하게 용인한다.

정부는 '**탈공산화**' 정책의 일환으로 **공산당과 그 심벌**을 **금지했다**. 법으로는 몇몇 **나치 심벌**도 금지되어 있다. 하지만 파시스트인 우크라이나반란군과 OUN의 '애국적' 동기에 의문을 품는 일 역시 불법이다.*

* 우크라이나는 독재 국가가 아니며 여러 여론이 공존한다. 반데라와 부하들에 대한 평가는 우크라이나 안에서도 지역과 정치 성향에 따라 극과 극으로 갈린다.

나치와 이슬람의 결탁, 그리고 시리아의 안티파

오늘날 파시스트 운동은 주로 안티-무슬림 정서에 기대 **되살아난다**. 그런데 2차 세계대전 기간 나치는 몇몇 이슬람 조직과 가까운 관계를 유지했다. 히틀러와 동맹을 맺었던 사람이 **아민 알 후세이니**다. 팔레스타인의 대(大)무프티이자 **반영**反英 **저항** 운동의 리더인 알 후세이니는 2차 세계대전 중 **독일에 피신**했다. 그는 보스니아의 무슬림을 나치의 SS 무장 친위대(한트샤르 연대)로 모집하는 일을 도왔다.

※ 2차 세계대전 때 나치와 손잡은 무슬림보다 연합국 편에서 싸운 무슬림이 많았다는 점을 짚고 넘어가자.

둘이 손잡은 것은 **영국이라는 공동의 적**을 두었기 때문이며, 또 둘 다 **반유대주의**였기 때문이다. 알 후세이니는 유대인의 **절멸**을 서두르라고 나치를 채근했다.

전쟁이 끝난 다음 많은 나치 장교가 **이집트**로 달아나 **파루크 왕**의 도움을 받았다. 나치 일부는 **이슬람으로 개종**했고, 중동 전역에 **권위주의 정권**이 들어서는 일을 도왔다. **경찰국가**를 세우고 **반유대주의 프로퍼갠더**를 퍼뜨렸다. 특히 **이집트**와 **시리아**에서 나치 활동이 활발했다.

2011년, **시리아 내전**이 발발한 후 **로자바**의 **쿠르드족**이 **이슬람 국가**의 공격을 받았다. 대부분 안티-파시스트 저항 운동에 관여했던 수십 명의 외국인 전사들이 **민중보호부대**(YPG)에 들어갔다.

2015년 6월 **국제자유대대**(IFB)가 결성되었다. 이들은 YPG와 함께 일하는 조직으로, 에스파냐 내전 때 공산주의자와 아나키스트가 모였던 **국제여단**을 **모델로 삼았다**. 지금까지 **65명**이 넘는 외국인 전사가 YPG와 함께하며 시리아에서 숨졌다.

스웨덴의 안티-파시스트행동

스웨덴의 안티-파시스트행동(AFA)은 1993년에 결성됐다. 영국의 안티-파시스트행동과 독일 안티파 조직을 모델로 삼았다. 다른 유럽 지역과 마찬가지로 스웨덴에서도 파시스트 조직과 **네오나치 스킨헤드**가 흥했고, 이주자를 향해 **제노포비아 공격**을 저질렀다.

1991년과 1992년 사이에 어느 인종주의자가 11명을 총으로 쐈다. 대부분이 **유색인 이주자**였는데 한 명은 목숨을 잃었다. 레이저 조준경을 사용했기 때문에 그는 '**레이저 맨**'으로 불리게 되었다. 같은 시기(1991~93), **백인아리아저항운동**(VAM)이라는 단체가 무장 강도 행각을 벌이다 체포되었다.

1999년 5월, 네오나치 3명이 경찰의 추격을 받았다. 일련의 **무장 강도 총격**을 저지르고 말렉산데르 마을에서 두 명의 **경찰을 살해**한 다음이었다.

1999년 10월, 노조 활동가 비외른 쇠더베리가 스톡홀름에서 총에 맞아 **살해**당했다. 살인죄로 유죄를 받은 3명은 **노르딕저항운동**(NRM)과 관련이 있었다.

2013년 12월, **스톡홀름**에서 열린 **인종주의 반대 집회**를 NRM 멤버들이 공격하자 AFA 멤버들이 맞섰다. NRM 멤버 일부는 몇 달 감옥신세를 졌다. 반면 안티파 활동가 한 명은 **5년이 넘는 금고형**을 받았는데, 파시스트 공격자 한 명을 칼로 찔렀기 때문이다.

2014년 3월, **세계 여성의 날 행진**에서 돌아오던 여성 네 명이 (지금은 사라진) 스웨덴파시스트당 사람들한테 무자비하게 **공격당했다**.

이 무렵 **혁명전선(RF)** 조직원들이 파시스트의 집을 때려 부수기 시작했다. 이들은 **공격 영상**을 찍어 **인터넷**에 올렸다.

2014년, 몇몇 조직원들이 **체포**되어 이 일과 **파시스트들에 대한 습격** 때문에 **유죄**를 받았다.

2015년, 스웨덴은 **15만 명** 이상의 **난민**을 받았다. **제노포비아**의 새로운 물결이 전국을 휩쓸었다. 난민 보호소는 여러 차례 **방화 공격**을 당했고, **이주자들은 습격당했다**.

2016년 1월, 200명쯤 되는 파시스트와 축구 훌리건들이 폭동을 일으켰다. **스톡홀름 기차역**에 달려 들어간 군중들은 **유색인**이거나 **이주자**처럼 보이는 사람들을 **공격**했다.

2016년과 17년에는 **이주자와 좌파**를 노린 세 건의 **폭탄 공격**이 **고텐부리**에서 일어났다. NRM과 엮인 세 사람이 훗날 유죄를 받았다. NRM 멤버들은 또한 **이주자와 좌파와 게이에 대한 수많은 공격**으로 기소되었다.

2017년 10월, NRM은 최대 규모의 집회를 고텐부리에서 열었다. 하지만 AFA 고텐부리 지부와 다른 조직들이 **맞불 집회**를 더 크게 열었다. **1만 명**이 반대 집회에 모여 파시스트 행진을 성공적으로 막아냈다.

스웨덴 극우파는 **선거**에서도 **성공**을 거두고 있다. 극우에 **반이민 정당**인 **스웨덴민주당**은 1988년에 결성되었는데, 그 뿌리는 초창기 파시스트 운동이다. 2014년 전국 선거에서 스웨덴민주당은 **12.9%**의 표를 받아 **49석** 의석을 얻었다. 스웨덴의 **제3당**이 됐다.

큐클럭스클랜(KKK)

북미 대륙에서 **가장 오래된** 극우 '테러' 조직은 큐클럭스클랜(Ku Klux Klan)이다. 1865년 테네시주에서 **옛 남군 병사들**이 결성했다.

북군의 승리로 **남북 전쟁**이 끝나 **노예 제도가 철폐**되자 이들은 흑인들을 **위협해 굴종**시키는 것을 목표로 삼았다. 클랜은 **흑인 수천 명**을 죽였다. 몇몇 마을에서는 흑인들이 스스로를 지키기 위해 **무장 순찰**했다. 1870년대 초반, 연방정부와 여러 주 정부는 **클랜에 맞서는 법**을 통과시켰다. 이 운동은 곧 사위어갔다.

이 새로운 클랜은 **기독교도들과 백인 우월주의자들**이었다. **이민과 공산주의와 유대인**에 반대했다. 1920년대에 이 조직은 적어도 **900명**을 살해했다.

그런데 1930년대까지 클랜의 회원 수는 3만 명으로 떨어졌다. **내부 싸움**이 터지고, **부패 스캔들**이 나고, **미디어의 폭로**가 조직을 찢어놓았다. 캐나다에서도 사정은 같았다.

1915년, 새로운 클랜이 시작되어 1920년대 중반까지 미국 전역과 주에 걸쳐 **4백만에서 5백만 조직원**을 자랑하는 단체로 성장했다. 그들의 주장에 따르면 그렇다는 것이다. 조직에는 **주지사, 시장, 경찰서장과 간부**도 있었다고 한다.

많은 주에서 누가 **주지사나 상원 의원**이 될지는 **클랜이 몰아준 표**가 결정했다. 클랜은 캐나다까지 세를 확대했다. 서스캐처원에서 특히 흥했는데, 이 지역의 회원은 **2만 5천 명**이나 되었다.

KKK의 세 번째 부활은 1950년대와 60년대에 있었다. 흑인 민권 운동에 대한 반작용이었다. 주로 남부 주들에 기반을 둔 이들은 종종 **지역 경찰과 결탁**하여 **시민 운동가들**을 노렸다.

이 시기에 클랜 조직원들은 수십 건의 **폭탄 공격**을 일으켜 **40명**을 살해했다. 이 가운데 1963년에 흑인 소녀 네 명이 목숨을 잃은 앨라배마주 **버밍엄 교회 폭발 사건**도 있다. **지역 경찰과 판사들**은 종종 살인자들을 자유롭게 풀어주었다.

클랜에 저항하는 사람들도 있었다. 1958년 6월, 노스캐롤라이나주 맥스턴 근교에서 클랜이 집회를 열었다. 클랜 사람 50명이 모였는데, 이에 맞서 **럼비족*** 사람이 500명 넘게 모였다. 많은 수가 **라이플과 곤봉으로 무장한** 채였다.

클랜이 집회를 시작하려던 참에 럼비족 사람 하나가 연단 위로 **조명탄**을 쐈다. 클랜원들은 흩어졌다. 차로 달아나던 일부는 군중과 대치했다.

1964년, 루이지애나주에서 **'방어를위한집사'** 모임이 결성되었다. 얼마 후 남부 전역에 **20개의 지부**가 생겼다. 흑인 스스로를 지키는 조직이었다. 많은 이들이 2차 세계대전이나 한국 전쟁에서 전투 경험을 쌓은 **퇴역 군인**이었다.

집사 모임은 **시민권 운동 집회**나 클랜이 노리는 다른 행사들을 **보호**하는 역할을 하여 KKK단과 경찰과 자주 **대치**했다. 어떤 경우에는 국가에 **압력**을 행사했고, 그래서 **1964년에 민권법이 발효**되었다.

1960년대 중반, 클랜 조직원이 약 **4만 명**에 이르자 정부는 **클랜의 폭력을 단속**하기 시작했다. 1970년이 되자 클랜의 세가 크게 꺾여 1973년 무렵에는 회원 수가 **1,500명**쯤으로 줄어들었다.

하지만 **클랜 조직**은 살아남았고, 이제는 여러 작은 그룹으로 나뉘어 있다. 이들 중 일부는 이번에는 전통적인 클랜 조직과 달리 **네오나치 조직**과 **연합**을 형성했다. 1970년대 후반, 많은 클랜 조직이 준군사조직의 훈련과 장비를 도입했다. 이른바 **'종족 전쟁'**을 준비한다는 그들의 **새로운 기조**에 따른 것이었다.

1979년 11월, 노스캐롤라이나주 그린즈버러에서 열린 **클랜 반대 집회**에서 일단의 클랜 조직원과 네오나치들이 **발포**하여 다섯 명이 목숨을 잃었다.

그린즈버러 학살과 관련된 공격자들 가운데 누구도 기소되지 않았다. 이때 광범위한 **클랜 반대 운동**이 일어났다.
오늘날 추산으로 클랜은 **5천 명** 정도가 **40여 개**의 조직으로 나뉘어 경쟁하고 있다고 본다.

*럼비족(Lumbee tribe)은 아메리카 원주민이다.

미국의 파시스트와 네오나치

1936년, **독일계 미국인 단체**가 결성되었다. 이것은 국외 거주 독일인 단체들이 **나치 독일**과 **국가사회주의**를 선전하도록 독려하기 위한 **나치의 세계 전략**의 일환이었다.

1959년, **미국나치당(ANP)**이 조지 링컨 록웰에 의해 설립되었다. 이 당은 줄곧 당원 수십 명 수준에 머물렀지만, 록웰의 **인종주의적 레토릭**은 미디어의 관심을 끌었다.

1939년이 되자 이 단체는 회원 수 **2만 5천 명**에 미국 곳곳에 **훈련소**를 설립하는 수준으로 성장했다. 하지만 단체의 지도자인 **프리츠 쿤**이 횡령으로 **기소**되어 감옥에 갔다. 쿤을 비롯한 다른 많은 이들은 훗날 '적성 국가 외국인'이라 하여 **구금**되었고, 전쟁이 끝난 후 독일로 **추방**되었다.

1967년 6월, 록웰이 미국나치당의 옛 당원에게 **암살**당했다. 그가 죽은 후 당은 잊히고 **국민연합**이나 **미국국가사회주의당**을 비롯한 여러 그룹으로 쪼개졌다.

1977년, **리처드 버틀러**는 아이다호주 헤이든 레이크에서 **아리안국가(AN)**라는 조직을 세웠다. 나중에는 자기 땅에 **합숙 시설**을 지었다.

아리안국가의 배경은 '**크리스천 아이덴티티**'라는 **사이비 종교**였다. 아리안국가는 네오나치와 클랜, 파시스트 스킨헤드를 끌어들일 수 있었다. 그들 중 상당수가 여러 해 동안 **살인**과 **폭탄 공격**과 **습격**을 한 혐의로 기소되었다.

아리안국가는 해마다 **아리안 세계 회의**를 주최했다. 1980년대와 90년대에 걸쳐 미국에서 가장 크고 가장 **활동적인 파시스트 그룹**이었다.

2000년, **남부빈곤법률센터(SPLC)***가 아리안국가 합숙소의 경비대원이 행한 공격에 **소송**을 걸어 **630만 달러**를 물렸다. 이 판결로 아리안국가는 **파산**했고 합숙소를 잃었다. 아리안국가는 지금도 존재하지만, 수많은 작은 조직으로 쪼개졌다.

* 남부빈곤법률센터(Southern Poverty Law Center)는 1971년에 설립된 미국의 인권 단체이다.

1983년과 84년, '디오더'라 불리는 네오나치 지하 조직이 강도와 위조 사기와 폭발 공격과 살인을 저질렀다. 유명한 유대계 라디오 진행자 앨런 버그의 암살도 이들의 짓이었다.

이들이 강도질한 돈은 약 4만 달러였는데, 이 돈 대부분을 백인아리안레지스탕스나 아리안국가 같은 조직에 나눠줬다.

이 조직의 리더는 밥 매슈스였다. 1984년 12월, 워싱턴주 위드비섬의 자기 집에서 경찰에 포위되어 총격전을 벌이다 죽었다. 열 명의 조직원은 갈취 혐의로 기소되었다.

1970년대 후반, 네오나치 스킨헤드가 북아메리카에도 나타났다. 스킨헤드를 적극적으로 모은 최초의 조직 가운데 백인아리안레지스탕스(WAR)가 있다. 캘리포니아 KKK의 옛 지도자 탐 메츠거가 1980년대 초반에 결성한 조직이다.

1988년, 포틀랜드의 네오나치 스킨헤드 갱단 조직원들이 에티오피아 학생인 물루게타 세라우를 구타해 죽였다. 남부빈곤법률센터가 1990년에 소송을 걸어, WAR가 세라우의 유족에게 1,200만 달러가 넘는 배상금을 물게 만들었다. WAR는 파산했다.

1988년, 해머스킨단이 텍사스주 댈러스에서 결성되었다. 이들은 북아메리카에서 가장 성공한 네오나치 스킨헤드 갱단이다. 오늘날 이들은 유럽과 오스트레일리아에도 지부가 있다. 조직원 다수가 습격과 방화와 살인으로 기소되었다.

2012년 8월 해머스킨단의 웨이드 마이클 페이지가 위스콘신주 오크크리크의 시크교 사원에서 총을 쏴 6명을 살해했다. 자기도 스스로 목숨을 끊었다.

폴크스프론트는 1994년에 오리건주 포틀랜드에서 결성된 네오나치 스킨헤드 갱단이다. 조직원 다수가 습격과 살인으로 유죄를 받았다. 이 그룹은 2012년에 해체되었다.

창조자교회(COTC)는 사이비종교 파시스트 조직으로 1973년에 결성되었다. 이 종교 집단의 슬로건은 '라호와(RAHOWA, 종족의 성전聖戰)'이다. 1990년대에 대체로 네오나치화되었다. 2002년까지 이 조직은 미국 전역에 80개의 지부를 두었다. 연방 판사를 살해하려고 일을 꾸미다가 조직 지도자가 체포된 다음, 이 조직은 무너졌다.

국민연합(NA)은 미국나치당(ANP)의 옛 당원인 **윌리엄 피어스**가 1974년에 설립했다. 1999년, 피어스는 백인우월주의 음악 레이블인 **레지스탕스 레코드**를 인수했다. 2002년, 국민연합 조직원은 **1,400명**으로 미국에서 가장 중요한 네오나치 조직 가운데 하나가 됐다. 이해 피어스가 예기치 않게 죽자 국민연합은 흩어졌다.

피어스가 남긴 '유산' 중 하나는 『**터너 다이어리**』라는 소설이다. 미국에서 일어나는 가상의 종족 전쟁과 네오나치들의 **무장 혁명**을 그렸다.

이 책은 앤드루 맥도널드라는 필명으로 1978년에 처음 출판되었다. 이 소설의 영향으로 수많은 **폭력 행동**이 일어났다. **디오더**가 살인과 강도 소란을 피운 일도, **1995년의 오클라호마시티 폭파 사건**도 그랬다. 폭파 사건으로 168명이 목숨을 잃었다. 범인인 **티모시 맥베이**는 이 책을 총기 쇼에서 샀다. 체포될 때에도 책의 몇 페이지를 가지고 있었다.

국가사회주의운동(NSM)은 1974년 ANP의 옛 당원들이 결성했다. 미시건주 디트로이트에 근거지가 있다. 2011년 현재, 32개 주 **400명**이 조직원이다. 나라에서 **가장 큰 네오나치 그룹** 가운데 하나다.

조직원들은 **반달 행위, 습격, 마약 거래, 살인** 등으로 **유죄**를 받았다.

아리안형제회(AB)는 1960년대에 처음 결성되었다. **백인우월주의 교도소 갱단**이다. 조직원은 **2만 명**쯤 될 것이다. 이들은 감옥에 있거나 거리에 있다.

아리안서클도 교도소 갱단이다. **나치로라이더스**는 히스패닉도 단원으로 받는다. 이 갱단은 모두 **조직 범죄**와 관련되어 있다. 더 큰 파시스트 또는 백인우월주의 단체와는 대체로 **독립되어** 움직인다.

반인종주의행동 미국의 전투적 안티-파시즘 운동

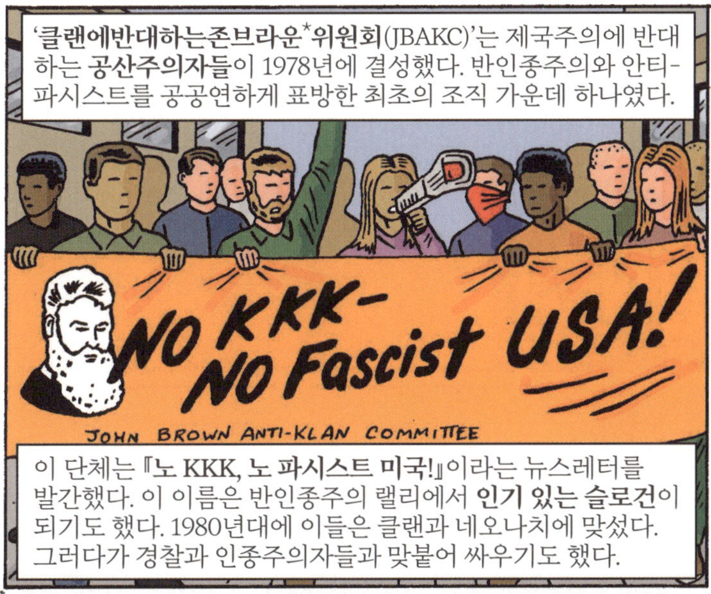

'클랜에반대하는존브라운*위원회(JBAKC)'는 제국주의에 반대하는 **공산주의자들**이 1978년에 결성했다. 반인종주의와 안티-파시스트를 공공연하게 표방한 최초의 조직 가운데 하나였다.

이 단체는 『노 KKK, 노 파시스트 미국!』이라는 뉴스레터를 발간했다. 이 이름은 반인종주의 랠리에서 **인기 있는 슬로건**이 되기도 했다. 1980년대에 이들은 클랜과 네오나치에 맞섰다. 그러다가 경찰과 인종주의자들과 맞붙어 싸우기도 했다.

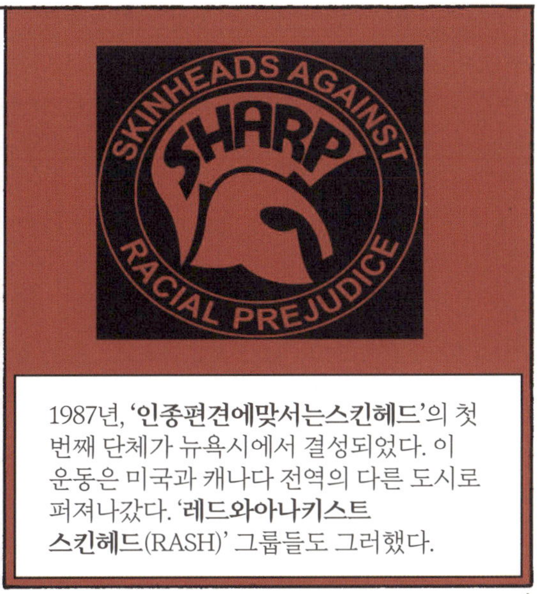

1987년, '인종편견에맞서는스킨헤드'의 첫 번째 단체가 뉴욕시에서 결성되었다. 이 운동은 미국과 캐나다 전역의 다른 도시로 퍼져나갔다. '레드와아나키스트 스킨헤드(RASH)' 그룹들도 그러했다.

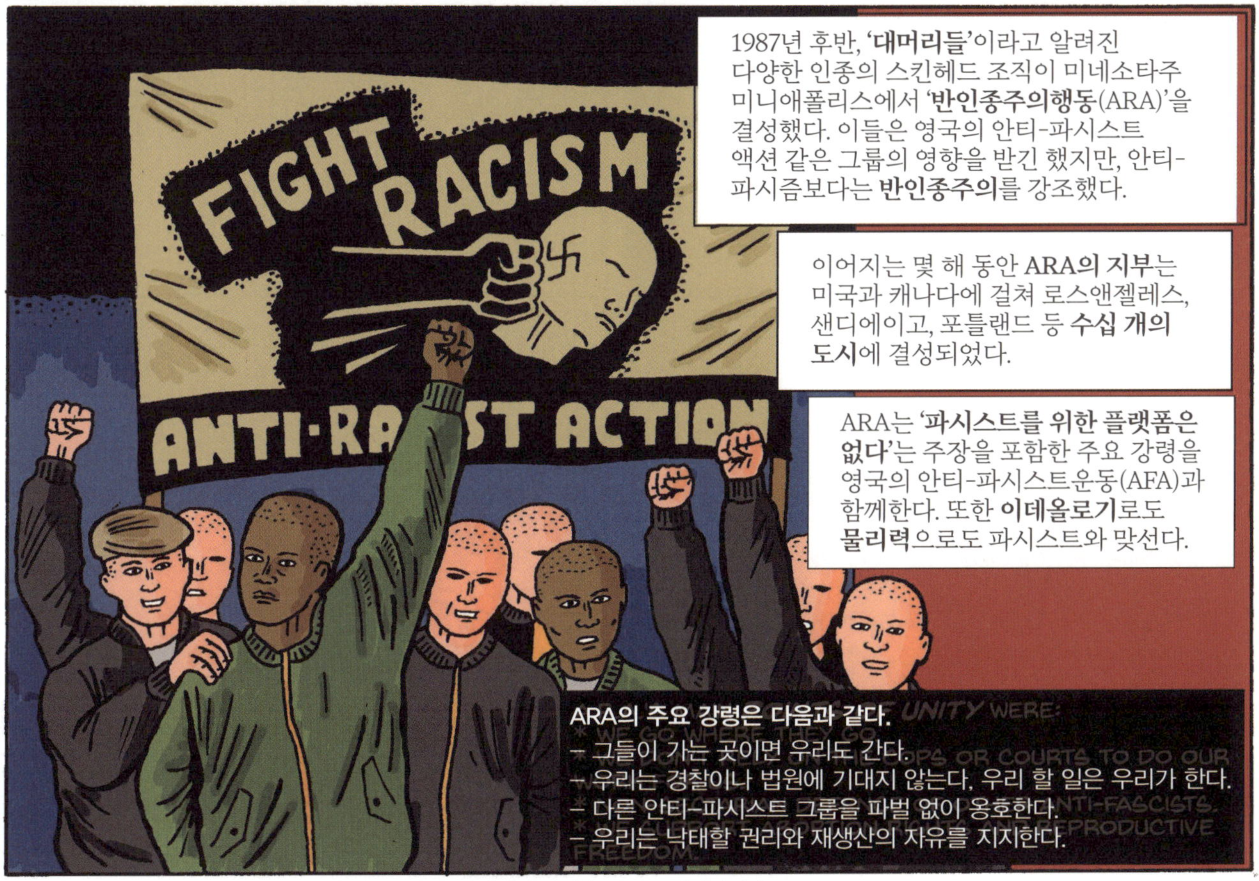

1987년 후반, '**대머리들**'이라고 알려진 다양한 인종의 스킨헤드 조직이 미네소타주 미니애폴리스에서 '**반인종주의행동(ARA)**'을 결성했다. 이들은 영국의 안티-파시스트 액션 같은 그룹의 영향을 받긴 했지만, 안티-파시즘보다는 **반인종주의**를 강조했다.

이어지는 몇 해 동안 ARA의 지부는 미국과 캐나다에 걸쳐 로스앤젤레스, 샌디에이고, 포틀랜드 등 **수십 개의 도시**에 결성되었다.

ARA는 '**파시스트를 위한 플랫폼은 없다**'는 주장을 포함한 주요 강령을 영국의 안티-파시스트운동(AFA)과 함께한다. 또한 **이데올로기**로도 **물리력**으로도 파시스트와 맞선다.

ARA의 주요 강령은 다음과 같다.
- 그들이 가는 곳이면 우리도 간다.
- 우리는 경찰이나 법원에 기대지 않는다. 우리 할 일은 우리가 한다.
- 다른 안티-파시스트 그룹을 파벌 없이 옹호한다.
- 우리는 낙태할 권리와 재생산의 자유를 지지한다.

*존 브라운(1800~1859)은 미국의 노예 해방론자다. 정부와 총격전을 벌이고 처형되었다.

캐나다의 큐클럭스클랜

1920년대 KKK는 캐나다에서 세를 넓혔다. 나라 전역에 지부가 설립되었다. **서스캐처원주 지부**가 가장 컸는데 회원 수가 2만 5천 명이 넘었다.(이들은 1929년 지방 선거에서 **보수당 승리**에 일조했다.)

브리티시컬럼비아주에도 회원이 많았다. 5명의 입법 의원을 포함해 1만 3천 명에 달했다. 1930년경 **앨버타주** 회원 수는 7천 명쯤 되었다. **다수의 보수당 당원과 시장 및 경찰**이 클랜 소속이었다.

캐나다 클랜의 관심사는 캐나다가 '**영국**'령으로 남고 **앵글로색슨 프로테스탄트**의 우위를 지키는 것이다.

1930년대 캐나다 KKK 그룹은 **부패**와 **적대적인 미디어** 때문에 세가 기울었다. 많은 이들의 생각에 클랜은 돈을 벌려고 **갈취하는** 단체였다. 짧은 기간 존속하면서도 클랜 멤버들은 수많은 **방화와 폭탄 공격**을 저질렀다.

1980년, 제임스 앨릭잰더 매쿼터와 볼프강 드뢰게가 토론토에서 '**캐나다 KKK 기사단**'을 만들었다. 나라 전역에 곧 회원이 생겼다.

공산주의를 쳐부수자

클랜 회원들은 **수많은 습격과 방화 공격**에 참여했다. 이들의 활동은 **지역 공동체를 자극**하여 클랜에 적극적으로 맞서는 사람들을 양산했다.

1981년, 매쿼터와 드뢰게를 포함한 캐나다 클랜 사람들이 **도미니카 공화국**에서 쿠데타를 시도하다가 기소되었다. 몇몇은 뉴올리언스에서 **무기와 폭발물**을 배에 싣다가 체포되었다.

드뢰게는 감옥에서 3년을 살았다. 매쿼터는 2년형을 받았는데, 1982년에 다른 클랜 회원을 **살해하려다가** 발각되어 6년 더 감옥살이를 했다. 이 무렵 캐나다에서 클랜의 세가 기울었다. 도미니카 사건 때문이기도 했고 **공동체의 반대**가 갈수록 심해졌기 때문이다.

캐나다의 파시스트 운동:
1930년부터 1990년까지

1933년 9월, 위니펙에서 **캐나다국민당**(NPC)이 결성됐다. 창설자 **윌리엄 위터커**는 1차 세계대전 퇴역 군인으로 한때 KKK 조직가였다. 조직원들은 준군사조직의 **제복**을 갖춰 입고 지역의 병영에서 **훈련**을 받았다.

1934년 6월, **올드마켓스퀘어 전투**가 일어났다. 국민당 당원 75명이 위니펙에서 집회를 열려고 했는데, **안티-파시스트 수백 명**이 칼과 곤봉으로 무장한 채 파시스트들을 **공격해** 20명 넘게 다쳤다. 국민당 당원들은 **경찰의 구조**를 받았다. 다시는 이런 집회를 열 꿈도 꾸지 못했다.

1934년 2월, 몬트리올에서 **에이드리언 아칸드**가 **기독국가사회주의당**(PNSC)을 결성했다. 당원들은 **파란셔츠단**으로 알려졌다. **준군사조직** 제복을 맞춰 입고 다녔기 때문이다.

아칸드는 여러 종의 **파시스트 뉴스레터**를 발간한 저널리스트였다. 보수당의 돈을 받고 R. B. 베넷을 1930년 총선거 때 도왔던 것으로 알려졌다. 아칸드는 훗날 퀘벡 정부 최고위층으로부터도 **지원**을 받았다.

1938년, 기독국가사회주의당과 작은 파시스트 조직들을 모아 **캐나다국민단결당**(NUPC)이 결성된다. 이때 통합된 작은 조직 가운데는 캐나다국민당과 토론토의 '슈바스티카클럽'도 있었다.

1930년대 후반 국민단결당의 당원은 **수천 명** 수준으로 대부분 퀘벡과 앨버타, 브리티시컬럼비아 사람들이었다.

1940년 5월, 캐나다가 2차 세계대전에서 **연합국 편**에 선 직후 **국민단결당은 금지**되었다. 아칸드와 다른 당원들은 2차 세계대전 기간 동안 **수감**되었고, 다시는 전쟁 전처럼 성공적인 조직을 만들지 못했다.

1965년, 윌리엄 존 베아티가 토론토에서 **캐나다 나치당**을 결성했다. 1967년에 **국가사회주의당**으로 이름을 바꿔 달았다. 베아티는 소규모의 도발적인 몇몇 집회를 조직했는데...

1965년, 이 집회 중 하나가 **소요 사태**로 바뀌었다. **안티-파시스트 4천 명**이 앨런파크에서 네오나치들과 맞닥뜨려 피투성이가 될 때까지 때렸다. 경찰이 와서 그들을 구해주었다. 이 당은 **1978년에 해산**되었다.

'웨스턴가드'는 1972년에 토론토에서 돈 앤드루스가 창설한 조직이다. 드러내놓고 **파시스트 조직**이었다. 준군사조직 제복을 맞춰 입고 **공격적인 대중 집회**를 열었다. 유색 인종과 좌파 행사를 공격했다.

1975년, 앤드루스는 **무기와 폭발물** 때문에 2년형을 선고받았다. 모임은 몇 년 더 유지하다가 **해산**했다.

1970년대에는 **에른스트 췬델**이라는 독일 이민자가 **네오나치 책자들**을 찍어내고 **홀로코스트를 부정**하는 **거짓 선전**을 폈다.

1980년대에 그는 홀로코스트를 부인하는 네오나치 문헌의 **세계적인 배급자**가 됐다. 2005년에 독일로 **추방**되었고, 네오나치 프로퍼갠더 때문에 **5년 동안 감옥살이**를 했다. 2017년에 죽었다.

1980년대 후반, **네오나치 스킨헤드**가 나라 전역에서 성장했다. 몬트리올, 토론토, 에드먼턴, 위니펙과 밴쿠버에는 잘 갖춰진 조직이 있었다.

1990년대, 네오나치 스킨헤드는 수백 건의 습격 사건, 수많은 **살인 및 방화 사건**에 책임이 있었다. 이들의 공격 대상은 **이주자와 게이, 좌파**였다. 이들의 활동에 맞서 공동체의 반대 운동과 **전투적 안티-파시스트 저항 운동**이 일어났다.

1993년 밴쿠버에서 파시스트 스킨헤드들이 **백인아리안 레지스탕스**(WAR)의 탐 메츠거를 초청하는 행사를 열려고 시도했다. 이 행사에 반대하여 3천 명이 집회를 열었고, 수백 명은 행사가 열릴 호텔로 쳐들어갔는데...

네오나치 일부는 옆문으로 **달아났고**, 나머지는 **경찰**이 와서 **구해주었다**. 이 사건 이후 여러 해 동안 파시스트들은 이 도시에서 공개적인 **행사를 열지 못했다**.

1984년, 테리 롱이 **아리안국가조직**을 앨버타에서 결성했다. 이 조직은 곧 브리티시컬럼비아와 서스캐처원에도 퍼져나갔다. 이곳의 리더는 **카니 널랜드**였다. 1991년 1월 널랜드는 캐나다 원주민 크리족의 덫 사냥꾼인 **리오 라챈스**를 쏘아 죽였다.

널랜드는 **살인 혐의**로 기소되었으나 1993년에 풀려났다. 그러고는 **증인 보호 프로그램**에 들어갔다. 재판 과정에서 그가 **경찰의 정보원**이었다는 사실이 드러났기 때문이다.

오늘날 안티-무슬림과 반이민 인종주의자들이 지지하는 **군소 극우 조직**이 캐나다에 많다. '**오딘의 병사들**'이나 '**라뫼트**'(퀘벡에 있다) 등이 그들이다.

반인종주의행동(ARA) 토론토

캐나다의 파시스트 부흥 움직임은 1995년까지 세가 확 줄었다. 파시스트들에 대한 피로감과 안티-파시스트의 저항이 결합한 결과였다. 에드먼턴에서는 '최종해결'이라는 네오나치 스킨헤드 갱단이 도시 밖으로 쫓겨났다. 안티-파시스트 동맹과 SHARP 스킨헤드의 공이었다. 위니펙에서는 인종주의반대연합이 네오나치 스킨헤드를 물리쳤다. 몬트리올에서는 안티-파시스트들이 파시스트들을 힘으로 제압해 거리에서 치워버렸다. 토론토에서는 캐나다에서 가장 크고 잘 조직된 파시스트 운동에 맞서 가장 크고 성공적인 ARA 지부가 출현했다.

1989년, 드뢰게와 다른 세 사람이 '헤리티지 전선(HF)'이라는 조직을 토론토에 결성했다.

HF는 나이 먹은 성숙한 파시스트들도 있었지만 대부분 네오나치 스킨헤드로 구성된 준군사조직이었다. HF는 집회와 콘서트를 열고 연설회를 개최했다. 길거리와 고등학교에서 열심히 모병 활동을 했다.

토론토에는 '창조자교회(COTC)' 지부도 있었다. 단체의 리더인 조지 부르디는 라호와 밴드의 가수이기도 했다. (라호와란 '종족의 성전Racial Holy War'의 줄임말로, 창조자교회의 메인 슬로건이었다.)

부르디는 '레지스탕스 레코드'도 시작했는데, 당시 세계 최대의 백인우월주의 레이블 가운데 하나가 되어 해마다 백만 달러의 이익을 냈다.

파시스트 조직이 발흥하고 유색인 및 좌파에 대한 습격이 늘면서, 1992년에 반인종주의행동(ARA)이 출범하였다.

구성원은 주로 고등학생, 펑크 음악계, 아나키스트, 좌파 조직의 청년들이었다. 파시스트와 싸워 거리를 되찾을 각오가 되어 있었다.

토론토의 ARA는 시작할 때부터 늘 경찰의 학대와 억압을 받아왔다.

1993년 6월, ARA가 집회를 소집했다. 네오나치의 **알려지지 않은 '작전본부'**로 행진해가기 위함이었다. 집회 장소에서 겨우 네 블록 떨어진 곳에 **에른스트 췬델**의 집이 있었다. 이곳에 50명이 넘는 파시스트들이 많은 수의 경찰과 함께 집결해 있었다.

그런데 췬델의 집을 향해 행진하는 대신 **300명**쯤 되는 사람들이 차를 타고 **게리 시퍼**의 집으로 이동했다. 헤리티지 전선의 전화 메시지 서비스를 담당하는 자였다. 시퍼의 집은 **막대한 피해를** 봤다.

직접 행동 말고도 ARA는 뉴스레터 『On the Prowl』을 비롯하여 많은 포스터와 전단지를 출판했다. 인종주의에 반대하는 록 콘서트, 영화 상영회, 워크숍, 트레이닝도 조직했다.

파시스트들에게 맞서는 한편, ARA는 **반인종주의 문화 운동**도 창시했으니...

이곳은 나치전선의 상점입니다.

1994년, 토론토 ARA는 네오나치 물건을 파는 두 가게에 반대하는 **불매 운동**을 시작했다. 두 가게는 결국 문을 닫았다.

그랜트 브리스토는 HF의 주요 조직가이자 공동 설립자 가운데 한 명이었다. 1994년, 이 사람이 **캐나다정보국(CSIS)의 정보원**임이 드러났다.

이 무렵부터 HF는 쇠락했다. 안티-파시스트의 **압력**도 이 멤버들의 **범죄 행위**와 함께 세가 기우는 데 한몫했다. 1995년에 드뢰게는 HF에서 은퇴했고, 조직은 잊혔다.(드뢰게는 2005년에 친구에게 마약을 팔던 중 총에 맞아 죽는다.)

ARA 캘거리

1992년 이래 ARA의 캘거리 지부는 문을 열었다 닫았다 한다. 2000년대, 캘거리 ARA는 네오나치 스킨헤드 갱인 '**아리안가드**(AG)'와 맞서게 되었다. 아리안가드는 남부 온타리오에서 온 두 명의 스킨헤드가 2006년에 설립했는데, 2008년에 회원 수가 마흔 명을 넘겼다.

AG 회원은 수많은 **공격과 반달 행위, 살인**으로 기소되었다. 2009년에 **해산**되자, 회원 일부가 다시 '**피와명예**' 지부를 만들었다. 오늘날 ARA 캘거리는 여전히 그 도시에서 인종주의와 파시스트 그룹에 맞서 활동하고 있다.

'대안 우파'의 상승과 몰락

2016년 도널드 트럼프의 선거 운동으로 인해 활발하고 대담한 **인종주의 우익 운동**이 온 나라에서 일어났다.

"우리는 **장벽**을 지을 겁니다, 아주 **큰 장벽**을! 그리고 모든 **이민자**를 쫓아낼 겁니다, 마지막 한 명까지!"

극우파는 트럼프의 **인종주의·성차별 레토릭**에 깊은 인상을 받았다. 백인우월 사회의 유지라는 그들의 관심사를 구현하는 사람 같았다.

선거 운동과 선거 결과 때문에 **대안 우파**가 생겨났다. **파시스트** 및 **극우파**의 조직과 개인을 한데 버무린 단체였다.

자기들이 공유하는 백인우월주의 이념을 뭔가 '**엣지**' 있고 쿨하게 '**갱신하고자**' 이 조직은 노력했다. **인터넷 밈**과 **소셜 미디어**를 이용해 그들의 메시지를 널리 퍼트렸다.

대안 우파의 주창자 중 한 사람이 **리처드 스펜서**다.

스펜서는 이 용어를 2010년에 사용하기 시작했다. 그들 운동의 **본질을 숨기고** 더 많은 사람에게 가닿기 위해서였다. 스펜서는 **국가정책연구소** 수장이었는데, 이 연구소는 백인우월주의자들의 '**싱크탱크**'였다.

트럼프가 대선을 승리한 후, **스티브 배넌**이 백악관 수석 전략가로 지명되었다. 배넌은 극우 매체인 **브레이트바트 뉴스**(Breitbart News)의 회장이었다. 배넌 스스로 이 매체를 "**대안 우파를 위한 플랫폼**"이라고 말하기도 했다.

배넌은 7개월을 일하고 **해고**되었다. 2017년 8월에 **샬러츠빌**에서 '**우파 결집**' 집회가 열린 직후였다. 그는 브레이트바트 뉴스에 돌아와 일하면서 극우 정당들을 위해 자문을 해주었다. 프랑스의 **국민전선**이랄지, **독일을위한대안**, **스웨덴민주당**, **정체성주의** 운동 같은 곳이 그 대상이었다.

극우 세력은 트럼프의 선거 운동에서 힘을 얻었다. 2016년 11월 **트럼프가 선거에서 승리하자** 이들은 우쭐해졌다.

트럼프가 정권을 잡자, 대안 우파는 대놓고 행동에 나섰다. 우선 **대학들을 노렸다**. 대안 우파가 보기에 대학이란 좌파와 '**정치적 올바름**'의 성채였다.

그런데 2017년 1월 대통령 취임식 때 대안 우파의 기세가 꺾일 일이 생겼다. 블랙 블록*이 워싱턴 DC에서 거리를 휩쓰는 동안 스펜서는 골목길에서 **인터뷰**하고 있었는데, 안티-파시스트 한 명이 그의 머리에 **주먹을 날린 것**이다. 이 주먹질이 **입소문**을 탔다. 좋지 않은 조짐이었다.

밀로 이아노풀로스도 공격에 앞장선 사람이었다. 이아노풀로스는 영국 시민이자 **브레이트바트 뉴스**의 **에디터** 출신이었다. 트럼프에 찬성하는 극우파 게이였으며 **도발적인 레토릭**을 썼다. **대안 우파 초기의 흥행사**였다.

2017년 1월, 이아노풀로스는 **워싱턴 대학에서 연설**을 했다. 이때 **대규모의 항의 집회**가 있었다. 항의자들과 대안 우파 지지자들이 대치했을 때, 안티-파시스트 한 명이 **총에 맞고 크게 다쳤다**.

2월 1일, 이아노풀로스는 **버클리 대학에서 연설**하기로 되어 있었다. 그런데 **2천 명 넘는 항의자**가 모여 경찰과 대치하고 **막대한 재산 피해**를 내는 바람에 이 행사가 취소되었다.

이 무렵 이아노풀로스가 인터뷰를 하다가 **소아 성애**에 찬동하는 발언을 했다. 그는 브레이트바트에서 **사임**해야 했다. 사이먼앤 슈스터 출판사와의 **수백만 달러**에 이르는 책 계약도 **취소**되었다.

* 옷과 마스크와 선글라스 따위를 검은색으로 맞춰입고 자신의 정체를 감춘 시위대. 안티파 활동가 대열이 자주 블랙 블록을 형성한다.

이아노풀로스가 실패하자 2017년 봄과 가을, 대안 우파는 **버클리 대학가에서 '자유 연설' 집회를 여는 일**에 총력을 기울였다. 안티파들은 **전투적인 맞불 행동**으로 응답했다. 극우 집회를 훼방 놓았고, 자주 충돌이 일어났다.

포틀랜드, 시애틀, 오스틴 같은 다른 도시에서도 비슷한 행사가 열렸다. **대안 우파 거리 싸움꾼들의 기묘한 혼성 집단**이 안티파와 싸우기 위해 나타났다.

그중 하나가 '**대안기사단**'이라는 조직이다. 카일 채프먼과 **프라우드 보이즈**가 시작한 싸움꾼 모임이다. '**베이스드 스틱맨**(based stickman)'으로 알려진 채프먼은 극우파들 사이에서 영웅 취급을 받았다. **버클리 집회**에 보호 장구를 입고 와서 안티-파시스트들과 싸웠기 때문이다.

2017년 10월, 스펜서와 다른 이들이 '**우익 집결**' 집회를 버지니아주 샬러츠빌에서 열었다. 집회 전날 밤, 백 명쯤 되는 파시스트들이 그 **지역 대학으로 행진**하며 인종주의에 반대하는 사람들이 연 작고 평화로운 **야간 집회를 습격**했다.

참석자들을 보호하기 위해 안티-파시스트들이 끼어들었다. 아프리카계 미국인이며 철학자이자 작가인 **코넬 웨스트 박사**는 안티파가 아니었다면 집회 참석자들 여럿이 파시스트들한테 죽임을 당했으리라고 회고했다.

8월 12일에 열린 '우파 집결' 집회에는 500명이 넘는 파시스트와 전투적인 극우파들이 모였다. 네오나치와 KKK단도 참석했다.

무장단체 '쓰리퍼센터'도 무기를 들고 나왔다. 수천 명의 안티-파시스트들이 맞불 집회를 열었다. 하루 종일 충돌이 벌어졌다.

많은 수의 안티-파시스트들이 모여 대치를 이어가자, 경찰은 오후에 예정된 대안 우파 집회를 취소시켰다.

그러자 그 직후에, 또 다른 파시스트 조직인 '뱅가드아메리카'의 회원인 제임스 알렉스 필즈가 안티-파시스트 군중 사이로 차를 몰고 돌진했다. 여러 사람이 심하게 다쳤다. 32세의 법률 보조원 헤더 헤이어는 목숨을 잃었다.

헤이어의 죽음 때문에 거대한 역풍이 일었다. 전국에서 수만 명이 대안 우파에 맞서는 집회에 참석했다. 수많은 인터넷 서비스업체들이 이 사건과 관계있는 파시스트 조직의 계정들을 취소했다.

데일리 스토머도 계정이 취소되었다. 스톰프런트(Stormfront, 네오나치 세계에서 가장 큰 온라인 포럼이었다)도 마찬가지였다. 트위터, 페이팔, 유튜브 또한 몇 개의 파시스트 계정을 셧다운했다.

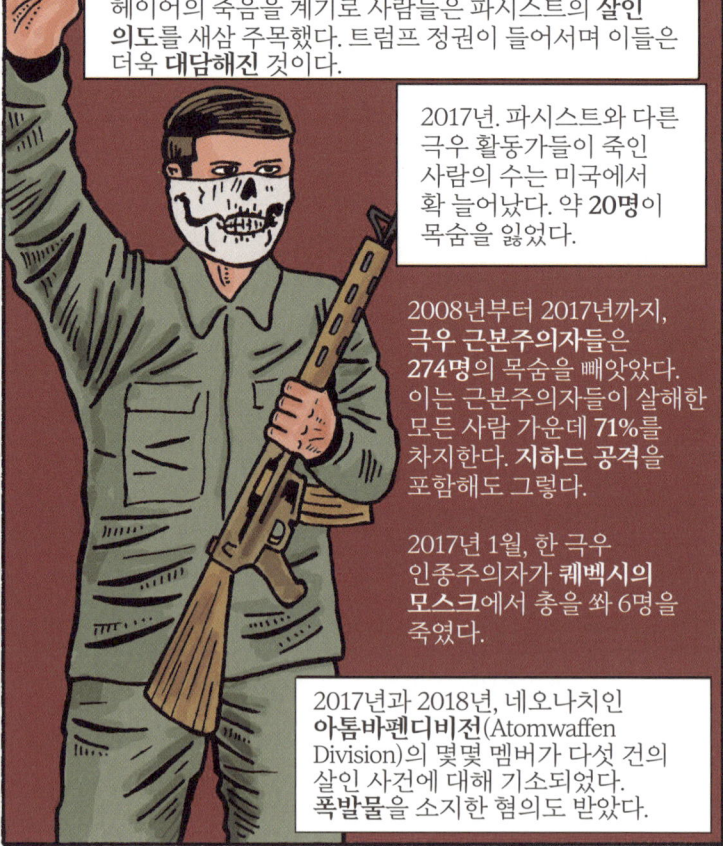

헤이어의 죽음을 계기로 사람들은 파시스트의 살인 의도를 새삼 주목했다. 트럼프 정권이 들어서며 이들은 더욱 대담해진 것이다.

2017년. 파시스트와 다른 극우 활동가들이 죽인 사람의 수는 미국에서 확 늘어났다. 약 20명이 목숨을 잃었다.

2008년부터 2017년까지, 극우 근본주의자들은 274명의 목숨을 빼앗았다. 이는 근본주의자들이 살해한 모든 사람 가운데 71%를 차지한다. 지하드 공격을 포함해도 그렇다.

2017년 1월, 한 극우 인종주의자가 퀘벡시의 모스크에서 총을 쏴 6명을 죽였다.

2017년과 2018년, 네오나치인 아톰바펜디비전(Atomwaffen Division)의 몇몇 멤버가 다섯 건의 살인 사건에 대해 기소되었다. 폭발물을 소지한 혐의도 받았다.

2018년 3월, **전통주의근로자당**(TWP)의 지도자 **매슈 하임바흐**가 **체포되어 기소**당했다. 자기 아내와 TWP의 공동 지도자인 맷 패럿을 공격했기 때문이다.

며칠 후, 미시건 주립대학에서 청중 여남은 명을 놓고 초라한 강연을 마친 스펜서는 **미국 횡단 강연 투어**의 계획을 **취소**했다.

"이런 거 더는 재미있지 않아..."

싸움이 일어난 이유인즉, 하임바흐가 자기 아내와 관계를 가진 사실을 패럿이 알아버렸기 때문이다. 패럿은 당의 주된 **자금줄**이었는데, TWP를 그만두고 **웹사이트**도 **닫아버렸다**.

그는 "안티파가 승리하고 있"고, 폭력 충돌로 이어지는 그의 집회들이 "더는 재미있지 않다"고 말했다.

대안 우파는 안에서 **곪아 터졌지만**, 파시스트와 극우 조직의 위협은 남아 있다. 이 위협은 대안 우파가 등장하기 전에도 존재했고, 미래에도 존재할 것이다. 그들의 **폭력 공격**과 **살인 행각** 역시 그러할 것이다.

역사를 보면 파시스트 운동은 **상승과 몰락**을 겪는다. 사회적 경제적 조건에 따라서 말이다. **사회**나 **경제**가 안 좋아지면, 파시스트 조직이 **세를 얻고**, 그래서 폭력이 많아지며, 그 결과 그들은 **더욱 성장**한다.

안티-파시스트는 늘 깨어 있어야 한다. 그리고 파시스트 운동과 맞서며 **다양한 작전을** 구사해야 한다. 폭넓게 뿌리내린 안티-파시스트 **저항 운동**을 구축해야 한다.

고드 힐 Gord Hill 북아메리카 원주민 혈통의 미술가이자 작가, 정치 활동가로 캐나다 브리티시컬럼비아의 콰콰카와쿠 토착민 공동체에 거주한다. 다양한 그래픽과 그림, 조각, 만화 등을 창작하며, 원주민 지지 활동에도 적극적으로 참여하고 있다.『저항의 500년 코믹북』과『반자본주의 저항운동 코믹북』을 지었으며『브라이어패치』,『레드 라이징 매거진』,『퀘벡의 아메리칸인디언 연구』,『시애틀 위클리』,『브로큰 펜슬』을 비롯한 여러 정기간행물에 예술 작품과 글을 싣고 있다.

김태권 서울대학교 미학과를 졸업하고, 동대학원 서양고전학 협동과정에서 그리스와 라틴 고전문학을 공부했다. 본업은 만화를 그리고 글을 쓰는 일이다. 지은 책으로『김태권의 십자군 이야기』,『김태권의 한나라 이야기』,『불편한 미술관』,『르네상스 미술 이야기: 피렌체 편』,『히틀러의 성공 시대』,『살아생전 떠나는 지옥 관광』,『코인묵시록』,『에라스뮈스와 친구들』등이 있다.